# 100 Jahre Benediktinerabtei Gerleve

# 100 Jahre Benediktinerabtei Gerleve

von Marcel Albert OSB

Aschendorff Verlag

Fotonachweis:
Sofern nicht anders angegeben, Olaf Bergmann, Witten

Gestaltung und Satz:
INTERVAL GmbH, Witten

Die Abbildung links vom Titelblatt zeigt den überwucherten Steinbruch im Klostergarten, aus dem der Baumberger Sandstein für den Kirch- und Klosterbau 1904 stammte.



Printed in Germany

ISBN 3-402-05486-8

*Amicis abbatiae*

Regul deß heiligen und weitberühmten Vatters Benedicti, Cölln: Sebastian Ketteler im Hahnen vor S. Paulus, 1718 (Älteste deutschsprachige Regelübersetzung in der Abteibibliothek Gerleve)

# Vorred
## Deß H. Vatters Benedicti.

MEin Kind / merck auff die Gebott deines Lehrmeisters / neige das Ohr deines Hertzens / und höre gern an die Ermahnungen deines gottseeligen Vatters / und vollbringe sie würcklich / auff daß du durch die Wercken deß Gehorsams wiederkehrest zu dem / von welchem du durch deine Trägheit deß Ungehorsams warest abgewichen.

Derowegen richte ich meine Redt zu dir / der du deinen eygnen Willen verläugnest / und Christo dem wahren König mit den allerstärcksten und vortrefflichsten Wapffen deß Gehorsams dienest und streitest. Anfänglich solstu mit einem stäten und standhaff-

# Inhaltsverzeichnis

Am Anfang der Gerlever Klostergeschichte stehen die Geschwister Bernhard, Elisabeth und Hermann Wermelt. Heute leben auf dem von ihnen 1899 gestifteten Gut über fünfzig Mönche. Immer wieder hat es Gelegenheit gegeben, innezuhalten und zurückzuschauen, um durch die Kenntnis der eigenen Geschichte auch die Gegenwart besser zu verstehen, so 1929 und 1954. Die letzte, auf früheren Arbeiten beruhende Übersicht über „Werden, Wachsen und Wirken" des Klosters erschien vor gerade einmal sechs Jahren 1998. Warum nun also ein neuer Versuch, Gerleves Geschichte und Gegenwart in Wort und Bild vorzustellen? Entscheidend war, dass das Kloster sich 2004 an den hundertsten Jahrestag seiner Erhebung zur Abtei erinnert. Die Gelegenheit bot sich an, das Bekannte noch einmal Revue passieren zu lassen, aber auch in Vergessenheit geratene Episoden für die Zukunft zu bewahren.

Die Gerlever Gegenwart wird in diesem Band weniger mit Worten geschildert als in Bildern gezeigt. Dem Photographen Olaf Bergmann war es ein Anliegen, nicht nur das Vielen Vertraute zu zeigen, sondern auch Unbekanntes ins Bild zu bringen.

Dieses Buch lädt ein, Gerleve mit offenen Augen – „apertis oculis" zu betrachten und in der Geschichte dieser Mönchsgemeinschaft das göttliche Licht – „deificum lumen" (Regula Benedicti Prol. 9) zu entdecken.

✠

PAX

# EINLADUNG

zu der am Herz-Jesu-Feste (10. Juni) stattfindenden Eröffnung des Benediktiner-Klosters

## ST. JOSEPH.

*Morgens früh 7 Uhr Benediktion der Kirche.*

*9 1/2 Uhr Prozession zur Übertragung des Allerheiligsten von der Kapelle in die Kirche.*

*10 » Feierliches Hochamt mit Predigt des hochwürdigsten Herrn Weihbischofs Grafen von Galen.*

*12 1/2 » Mittagessen.*

*4 » Pontifikal-Vesper; Konsekration der Kommunität an das göttl. Herz Jesu; sakramentaler Segen. Te Deum (Grosser Gott).*

*St. Joseph, den 3. Juni 1904.*

*Im Aufrag des hochwürdigsten Herrn Erzabtes von Beuron:*

P. MELCHIOR SCHMITZ O. S. B.

SUPERIOR.

Typis S Martini de Beuron.

Einladungskarte 1904
(Abteirchiv Gerleve)

# 1. Die Stiftung (1899)

*secretum locum petii*
*Gregorius Magnus, Dialogorum libri IV, I, 1*

## Mönchtum im Münsterland

Die vom hl. Benedikt in der ersten Hälfte des 6. Jahrhunderts im süditalienischen Kloster Montecassino verfasste Mönchsregel fand im Abendland anfangs nur wenig Verbreitung. Mehr beachtet wurden damals andere, radikalere Regeln, vor allem solche aus Südfrankreich und Irland. In manchen Klöstern schufen sich die Mönche ihr eigenes Regelwerk, indem sie aus den vorhandenen Texten „Mischregeln" kombinierten. Unbekannt ist deshalb, welche Regel die Gemeinschaft beachtete, die der hl. Liudger zur Zeit Karls des Großen in Mimigernaford, wie Münster damals hieß, ansiedelte. Kurz nach dieser Gründung besuchte Liudger Benedikts Kloster Montecassino. Ein Beweis, dass in Mimigernaford nach der Benediktsregel gelebt wurde, ist das nicht. Allerdings erhielt die damals entstandene Bischofsstadt bald den Namen „Monasterium" – Münster!
Während es sich bei den wenig später in dem jungen Bistum gegründeten Frauenklöstern Liesborn (815), Borghorst (968) und Münster-Überwasser (vor 1040) um adelige Damenstifte handelte, die sicherlich nach der Aachener Kanonissenregel von 816 lebten, kamen 1130 bei der Umwandlung Liesborns in ein Männerkloster erstmals Benediktiner in die Diözese. Dem Benediktinerorden gehörten später auch die Frauenklöster Aegidii und Überwasser in der Stadt Münster und Vinnenberg bei Warendorf an. Der Reichsdeputationshauptschluß 1803 brachte jedoch nicht nur das Ende für das alte Fürstbistum Münster, sondern noch im gleichen Jahr auch für dessen einzige Benediktinerabtei in Liesborn. Überwasser war bereits 1774 zugunsten der Münsteraner Universitätsgründung aufgehoben worden, 1810 erfolgte die Säkularisation Vinnenbergs und 1811 die des Aegidiiklosters.
Anders als etwa in Bayern, wo der Orden schon 1830 wieder auflebte, blieb das ebenso katholische Münsterland, das 1802 an Preußen fiel, acht Jahrzehnte lang ohne benediktinisches Leben. Erst nach dem Ende des Kulturkampfs gelang es Bischof Hermann Dingelstad, den Orden erneut in seiner Diözese anzusiedeln. 1891 holte er die aus Osnabrück stammenden, im Kulturkampf ins niederländische Oldenzaal geflüchteten „Benediktinerinnen von der Ewigen Anbetung" nach Maria Hamicolt bei Dülmen. Diesen gelang es 1898, die ehemalige Abtei Vinnenberg wieder zu besiedeln. Während die Initiative im Fall der Benediktinerinnen eindeutig beim Bischof lag, verdankt die Benediktinerabtei Gerleve ihr Entstehen in erster Linie dem Einsatz einiger Laien.

## Die Gründung des Benediktinerklosters Gerleve

In den Baumbergen, nur zehn Kilometer von Maria Hamicolt entfernt, besaßen die Geschwister Bernhard, Elisabeth und Hermann Wermelt einen ansehnlichen Bauernhof. Die schon im 11. Jahrhundert als „Gardifelt" belegte Bauerschaft Gerleve lag einsam etwa gleichweit jeweils sechs Kilometer zwischen Billerbeck und der Kreisstadt Coesfeld. Die streng katholischen Wermelts hatten deshalb im Obergeschoss ihres Hauses einen Gottesdienstraum eingerichtet, in dem sie und ihre Nachbarn am Sonntagnachmittag Andachten feiern konnten. Freundschaftliche Beziehungen verbanden sie mit den Benediktinerinnen von Maria Hamicolt. Immer wieder unterstützten sie dieses arme Kloster mit Nahrungsmitteln.

Bernhard, Elisabeth und Hermann – ihre sieben Geschwister waren bereits verstorben – hatten nicht geheiratet. Deshalb gab es keine direkten Nachkommen. Der vorgesehene Erbe, ihr Neffe Heinrich Ewigmann aus Schöppingen, starb am 23. Februar 1897 im Billerbecker Krankenhaus. So kam ihnen die Idee, ihren Hof zur Gründung eines Klosters zu stiften. Unter ähnlichen Umständen war 1856 auch das Kloster Maria Hamicolt entstanden. Regelmäßige Gottesdienste wären für die Menschen in der Bauerschaft Gerleve, die zur Pfarrei St. Johannes in Billerbeck gehörte, eine große Erleichterung gewesen.

Bernhard, Elisabeth und Hermann Wermelt ca. 1899 (Abteiarchiv Gerleve)

Die Geschwister Wermelt eröffneten ihren Plan der tatkräftigen Priorin von Maria Hamicolt, Mutter Hermann Josef Windhoff aus Rheine. Diese schrieb sofort an den Abt der rheinischen Benediktinerabtei Maria Laach, den aus Hemer bei Iserlohn stammenden Willibrord Benzler. Der Abt antwortete ablehnend, da er das Anwesen der Wermelts für zu klein hielt, um den Bestand eines Benediktinerklosters zu gewährleisten, dessen Mönche ja *von ihrer eigenen Hände Arbeit*[1] leben sollten. Nun wandte sich Mutter Hermann Josef an den ihr persönlich bekannten Provinzial der Redemptoristen. Dessen Orden hatte das Kloster Maria Hamicolt 1856 gegründet und von dort aus bis zu seiner Ausweisung im Kulturkampf 1873 gute Seelsorgsarbeit geleistet.

Die Priorin bedachte jedoch nicht, dass die Beilegung des Kulturkampfs nicht für Redemptoristen und Jesuiten galt. Beide Orden galten den deutschen Behörden weiterhin als suspekt. Also antwortete Provinzial Johannes Spoos, seine Gemeinschaft hätte derzeit *keine Aussichten, nach Deutschland zurückzukehren*. Außerdem sei Gerleve *zu weit von der Bahn entfernt*[2]. Der Bahnhof Coesfeld war 1875 eröffnet worden.

In dieser Situation wandte sich Hermann Wermelt an Bischof Dingelstad. Dieser schrieb eine Empfehlung an die Kapuziner, die aber ebenfalls kein Interesse an dem abgelegenen Bauernhof zeigten. Im übrigen tat sich der Orden damals schwer, die immer noch notwendige staatliche Genehmigung für seine Neugründungen zu erhalten. Die zuständigen preußischen Behörden standen ihm reserviert gegenüber. Ebenso wenig gelang es, den

1 Benediktsregel 48, 8.
2 Joest, 5. Juni 1994.

Dominikanerorden für das Projekt zu gewinnen, dessen deutsche Provinz „Teutonia" in dieser Zeit zwar stark expandierte, aber nur über unzureichende finanzielle Mittel verfügte. Die Geschwister Wermelt und Mutter Hermann Josef ließen sich von den Absagen jedoch nicht entmutigen und setzten erneut auf die Benediktiner.
Von den damals in Deutschland vertretenen Benediktinerkongregationen kam für eine Gründung in Gerleve nur die Beuroner Kongregation in Frage, da sie sich ausdrücklich als preußische Kongregation verstand. Das benediktinische Ideal der Kongregation war ausreichend vielseitig: Es sah zwar einerseits eine stark kontemplativ und liturgisch ausgerichtete Lebensführung vor, befürwortete andererseits aber auch die Übernahme von Seelsorgsaufgaben. Die 1863 im preußischen Sigmaringen gegründete Erzabtei Beuron hatte 1872 im belgischen Maredsous ein erstes Tochterkloster errichtet. Im Kulturkampf musste Beuron 1875 nach Österreich ausweichen und konnte erst 1887 zurückkehren. In der zwölfjährigen Exilszeit erfolgten drei weitere Klöstergründungen: 1875/1880 St. Emaus in Prag, 1876 das englische Erdington und 1883 Seckau in der Steiermark. Der rasante Ausbau der Kongregation setzte sich nach dem Kulturkampf ungebremst fort: 1888 gründete Maredsous eine Niederlassung in der Universitätsstadt Löwen, während 1889 in Prag die Frauenabtei St. Gabriel entstand. 1892 erfolgte die Wiederbesiedlung des alten Benediktinerklosters Maria Laach. Im darauffolgenden Jahr wurde das belgische Frauenkloster Maredret der Kongregation angegliedert.
Obwohl schon die innere Stabilisierung dieser Konvente viel Kraft forderte, übernahm die Kongregation auch über ihren Rahmen hinaus Verantwortung. Seit 1894 förderte sie – unter anderem durch die Entsendung von Mönchen – die dringend notwendige Reform der brasilianischen und der portugiesischen Benediktinerklöster. 1897 sollte ein ähnliches, aber weniger erfolgreiches Projekt auch in Italien einsetzen. In Rom übernahmen Beuroner Mönche im gleichen Jahr die Mitverantwortung für das Griechische

links:
Das Hakensielerkreuz vor dem Wermelthof

rechts:
Der 1844 errichtete Wermelthof, rechts davon das von P. Ludger Rincklake 1899 entworfene Wermelthaus

Kolleg. Außerdem waren dort viele von ihnen an dem 1893 neu belebten Benediktinerkolleg S. Anselmo tätig. Schließlich stand der Seckauer Abt Ildefons Schober seit 1896 als Generalsuperior den Missionsbenediktinern von St. Ottilien vor.

Das war die Situation, als die Geschwister Wermelt dem Erzabt von Beuron, Placidus Wolter, eine Gründung auf ihrem Hof vorschlugen. Der Erzabt besprach die Angelegenheit mit dem Generalkapitel der Kongregation, das vom 11. bis 23. Juli 1897 in Beuron tagte. *Aus Mangel an Kräften* und weil *der Besitzstand für eine Benediktiner-Abtei zu klein*[1] sei, lehnten die Verantwortlichen das Projekt ab.

Elisabeth Wermelt, von den Benediktinern sehr enttäuscht, hielt nun nach einem anderen Orden Ausschau, der sich für ihr Grundstück interessieren könnte. Am 2. August 1897 versuchte sie, die Steyler Missionare für das Vorhaben zu gewinnen: *Wir sind bereit, jetzt unser ganzes Erbe, welches ungefähr 200 Morgen beträgt, zu einer Kloster-Stiftung hinzugeben... Wir hoffen dann, daß uns recht bald die Gnade zuteil werde, ein Gotteshaus in unserer Mitte zu besitzen*[2]. Umsonst: Auch den Steylern lag der Hof zu ungünstig.

Mutter Hermann Josef Windhoff in Maria Hamicolt billigte Elisabeth Wermelts Initiative nicht. Ihr lag weiterhin daran, dass Benediktinermönche nach Gerleve kämen. Daher schrieb sie den Wermelts am 3. August 1897: *Soviel steht fest, daß nichts, auch nicht das Allergeringste ohne Gottes Willen und weise Voraussicht geschieht.* Mit geschickt gesetzten Worten machte sie den Geschwistern neuen Mut: *So glaube ich also ganz sicher, daß der Aufschub* – eigentlich handelte es ja um eine Absage der Beuroner Patres – *einer so guten, Gottes Ehre so fördernden Sache, gewiß nicht ohne höhere Absicht geschah.* Mit einer fast irrationalen Zuversicht meinte die Priorin: *Übrigens ist es noch gar nicht gesagt, daß es wirklich drei Jahre bis zum nächsten Generalkapitel*[3] *dauern muß, ehe eine Entscheidung oder nochmalige Vornahme der Frage betr. der neuen Niederlassung in Gerleve stattfinden wird.* Das wäre nach Ansicht der Priorin möglich, *wenn der Heilige Vater die Beuroner Kongregation nicht anderweitig zu sehr in Anspruch nehmen sollte oder wenn viele neue Mitglieder eintreten würden ... So wollen wir den Mut nicht sinken lassen ... Denn jedes Gebet, in rechter Weise verrichtet, also auch mit Ergebung und besonders mit unerschütterlichem Vertrauen, dringt durch die Wolken – wer hätte dies noch nicht erfahren*[4]. Mutter Hermann-Josef wusste, wovon sie sprach. Gerade in diesen Tagen gelang es ihr, einen lange gehegten Plan zu realisieren und das ehemalige Benediktinerinnenkloster Vinnenberg bei Warendorf mit Hamicolter Schwestern wieder zu besiedeln. Sowohl bei der Gründung von Maria Hamicolt wie auch in Vinnenberg hatten die Benediktinerinnen oft Gegenwind gespürt.

Auch in Beuron gab es Patres, die an einer Gründung im Münsterland interessiert waren. Dazu gehörte der aus Westfalen stammende P. Sebastian von Oer, der als Sekretär des Erzabtes über einen gewissen Einfluss verfügte. Am 2. November 1897 berichtete er der Priorin: *die Treue, mit der Sie für Gerleve einstehen und die Beharrlichkeit, mit der Sie, aber auch die braven Wermelts, an dem Plan festhalten, rührt den Erzabt sehr*[5].

1 Joest, 5. Juni 1994 und Johanna Buschmann, Beuroner Mönchtum. Studien zu Spiritualität, Verfassung und Lebensform der Beuroner Benediktinerkongregation von 1863 bis 1914 (=Beiträge zur Geschichte des alten Mönchtums und des Benediktinertums 43), Münster 1994, S. 71, 73. Die Entscheidung ist nicht vermerkt in den Kapitelsdekreten ebd., S. 643/8, hier S. 647 f.

2 Joest, 5. Juni 1994.

3 Die Generalkapitel sollten zwar alle drei Jahre stattfinden, tatsächlich aber *wurde diese Zeitspanne nicht immer eingehalten*; Buschmann (wie Anm. 1), S. 576. Tatsächlich fand das nächste Beuroner Generalkapitel erst vier Jahre später vom 8. bis 20. September 1901 statt; S. 647/53.

4 Joest, 12. Juni 1994

5 Joest, 12. Juni 1994.

Eduard Fischer, Darstellung Jesu im Tempel als Gedenktafel für die Stifter der Abtei Gerleve (Holz, 1919; heute in der Infirmeriekapelle): *Zur Erinnerung an den Bauern Bernhard Wermelt, der einmütig mit dem Bruder Hermann und der Schwester Elisabeth seinen Besitz Gott darbrachte.*

Erzabt Placidus Wolter bedaure, dass das Generalkapitel den Plan einer Gründung in Westfalen ad acta gelegt habe. Der Personalmangel sei zwar in der Tat gravierend, da die Kongregation bereits Mönche zur Aushilfe an die junge Benediktinerhochschule S. Anselmo in Rom und nach Montecassino geschickt habe. Dennoch stehe er dem Anliegen weiterhin positiv gegenüber. Maria Laach sei zu einer Gründung derzeit nicht in der Lage, vielleicht aber das Emauskloster in Prag. In Beuron selbst könnte die Situation schon im nächsten Sommer besser aussehen. *Ob aber die guten Wermelts solange Geduld haben?*[1]

Anfang 1898 besuchte der aus dem Münsterland stammende Beuroner Pater Adalbert Swiersen Maria Hamicolt. Die Geschwister Wermelt nutzten die Gunst der Stunde. Um eine persönliche Beziehung zur schwäbischen Erzabtei herzustellen, berichteten sie ihm von ihrem Projekt. Der Pater übernahm es, dem Erzabt zu berichten. Dieser erfuhr auch durch ein neues Schreiben von Mutter Hermann Josef Windhoff vom 28. März 1898, wie sehr die Hamicolter Priorin eine Klostergründung in Gerleve wünschte.

Angesichts von so viel Hartnäckigkeit nahm der Erzabt Kontakt mit Bischof Dingelstad auf, um dessen Einstellung zu einer eventuellen Gründung in seiner Diözese zu erfahren. Ebenso konsultierte Wolter die Regierungsbehörde in Münster. Da deren Votum positiv ausfiel, schickte er den Laacher Abt Willibrord Benzler in die Baumberge, um noch

1 Joest, 5. Juni 1994.

genauere und zuverlässige Informationen zu erhalten. Abt Benzler fand heraus, *daß die umliegenden Hofbewohner bei der bedeutenden Entfernung von der Pfarrkirche eines geregelten Gottesdienstes entbehren*[1].

Der nun vollständig überzeugte Erzabt Placidus Wolter wollte als erfahrener Oberer allerdings, bevor er seinen Konvent zu dem Thema befragte, prüfen, ob eine Gründung in Gerleve die staatliche Genehmigung erhalten würde. Daher sandte er am 11. April 1898 eine Anfrage an das Ministerium des Innern und der Geistlichen, Unterrichts- und Medicinal-Angelegenheiten in Berlin. *Mehrfach* bereits *sei die dringende Bitte an die Kongregation ergangen*, in Gerleve ein Kloster zu gründen. Bischof Dingelstad, die Münsteraner Regierung und Abt Benzler hätten sich positiv geäußert. Insbesondere der Hinweis auf den Abt von Maria Laach musste in Berlin Eindruck machen, da Benzler über direkte Beziehungen zu Kaiser Wilhelm II. verfügte. Der Beuroner Erzabt begnügte sich allerdings damit, die Genehmigung für eine ausgesprochen kleine Niederlassung zu erbitten: *Da es sich jetzt hauptsächlich darum handelt, den Bewohnern der Gegend den ersehnten regelmäßigen Gottesdienst durch eine tägliche heilige Messe zu gewähren, würden wir vorerst nur zwei Patres dahin entsenden, jedoch in der Absicht, mit der Zeit daselbst ein reguläres Kloster zu errichten und dies um so mehr, als das Münsterland ganz der Abteien entbehrt, welche einst so segensreich als Stätten der Kultur und des Kultus gewirkt haben*[2].

Der Erzabt wusste, dass die Berliner Entscheidung unter Umständen recht lange auf sich warten lassen könnte. Deshalb ließ er den Wermelts durch seinen Sekretär P. Sebastian von Oer ausrichten: *Es wird vermutlich längere Zeit dauern, bis die Antwort von Berlin kommt, und dafür wollen wir vereint beten*[3]. Ebenso mahnte eine Hamicolter Benediktinerin die Bauersleute: *Wir wollen alle fleißig beten, damit bald die Genehmigung von Berlin kommt*[4]. Mit den Wermelts trugen die Nonnen von Maria Hamicolt das Anliegen im Gebet.

Die Geschwister Wermelt ihrerseits sorgten sich um praktische Fragen. Sie hielten es für nötig, dass außer einigen Geistlichen auch mehrere Brüder in die Neugründung kämen, um die Landwirtschaft zu übernehmen. Sinnvollerweise schlugen sie vor, den Hof zunächst mit diesen gemeinsam zu verwalten. Erzabt Placidus Wolter war sofort einverstanden und versprach, *dann gleich zwei Laienbrüder*[5] mitzuschicken. Am 5. Mai boten die Hamicolter Benediktinerinnen den Geschwistern Wermelt an, ihnen bei der Ausstattung des neuen Klosters zu helfen: *Wir zählen mit Ihnen die Tage; wenn wir Ihnen zur Ausschmückung etwas leihen können, unsere liebe ehrwürdige Mutter ist so gut und tut es mit großer Freude, auch unsere Herzen und Hände sind bereit, fleißig zu helfen.*

Die Regierung benötigte für ihre Entscheidungsfindung fünf Monate. Zunächst bat der Coesfelder Landrat August Johann Hubert von Bönninghausen den Billerbecker Ehrenamtmann Freiherr August von Twickel um eine Stellungnahme. Dieser schrieb am 27.

1 Joest, 5. Juni 1994.
2 Joest, 5. Juni 1994.
3 Joest, 5. Juni 1994.
4 Joest, 12. Juni 1994.
5 Joest, 5. Juni 1994.

Mai 1898, *daß sich gegen die Errichtung einer Niederlassung der Beuroner Benediktiner Kongregation in Gerleve/Stadt Billerbeck nichts zu erinnern findet*[1]. In seinem Bericht an den Regierungspräsidenten in Münster vom 1. Juni 1898 teilte Landrat Bönninghausen diese Ansicht. Darüber hinaus bestätigte er den Wunsch der Bevölkerung in der abgelegenen Bauerschaft Gerleve nach einem eigenen Gottesdienstzentrum. Wohl um der Vermutung entgegenzuwirken, die Neugründung könnte zu unerwünschten konfessionellen Spannungen führen, wies er darauf hin, dass die Bevölkerung der Bauerschaft *ausschließlich katholisch* sei[2]. Auf dieses positive Votum hin empfahlen auch der Münsteraner Regierungspräsident Alfred Klemens Maria von Gescher am 14. Juli und der Oberpräsident der Provinz Westfalen Heinrich Konrad Studt am 20. Juli 1899 der Berliner Regierung die Genehmigung[3]. Darauf genehmigte das Ministerium der Geistlichen Angelegenheiten am 8. August 1898, *daß in der Bauerschaft Gerleve ... eine neue Niederlassung der Genossenschaft der Benediktiner aus dem Mutterhause Beuron, und zwar zum Zwecke der Aushilfe in der Seelsorge, errichtet werde*. Einschränkend hieß es, die Benediktiner dürften keine *andere Ordenstätigkeit als diese ... ohne ausdrückliche staatliche Genehmigung*[4] übernehmen. Erst einen Monat später, am 9. September 1898, informierte Regierungspräsident von Gescher Erzabt Wolter über die Genehmigung.

Gut zwei Monate zuvor, am 24. Juni 1898, hatte Mutter Hermann Joseph Windhoff auf die Leitung Maria Hamicolts verzichtet, um sich ganz ihrer Neugründung Vinnenberg zu widmen. Die Benediktinerinnen von Maria Hamicolt wählten am 16. Dezember Mutter Johann Baptist Pancratz zur neuen Priorin. Diese hielt bezüglich Gerleve am Kurs ihrer Vorgängerin fest. Sie bemühte sich also, die Beuroner Benediktiner für das Projekt zu gewinnen. Aus eigenem Erleben der Gründungen in Maria Hamicolt und Vinnenberg wusste sie, wie schwierig die Anfänge eines neuen Klosters sein konnten. Daher ließ sie den Wermelts zum Jahreswechsel 1898/1899 schreiben: *Das neue Kloster muß auf Kreuz und Widerwärtigkeiten erbaut werden*[5]. Tatsächlich tauchten auch in Gerleve Probleme auf. Die Wermelts glaubten damals, das künftige Kloster müsse weithin sichtbar auf der Anhöhe über ihrem Hof errichtet werden. Im Hinblick darauf wollten sie einen Grundstücktausch in die Wege leiten, der jedoch auf Widerstand stieß. Mutter Johann Baptist blieb gelassen: *Das wird sich schon wieder legen. Ganz gewiss, liebe Frau Wermelt, trösten Sie sich nur*[6].

Die Planungen gingen zu diesem Zeitpunkt bereits in konkrete Einzelheiten. In Maria Laach arbeitete P. Ludger Rincklake an ersten Bauplänen für Gerleve. Am 25. Januar 1899 unterzeichnete er die Aufrisse für das neue Wohnhaus der Wermelts und die Neugestaltung der Kapelle im Wermelthof. Mitte Februar sollte der Havixbecker Bauunternehmer Wilhelm Bröcker – falls es die Witterung erlaubte – mit den Arbeiten beginnen. Die Zeit drängte, denn die Ankunft der ersten Mönche war für Anfang September 1899 vorgesehen. Auch Dank der tatkräftigen Hilfe der Nachbarn sollte es zuletzt gelingen, diesen engen Zeitplan einzuhalten.

1 Häger 1997, S. 195.
2 Häger 1997, S. 196 f.
3 Häger 1997, S. 196.
4 Häger 1997, S. 196.
5 Joest, 12. Juni 1994.
6 Joest, 12. Juni 1994.

Elisabeth Wermelt
(Abteiarchiv Gerleve)

Allerdings geriet das Projekt im Frühjahr erneut in die Diskussion. Anlass war die Vollendung des monumentalen Liudgerus-Doms in Billerbeck. Über der Sterbestätte des ersten Bischofs von Münster errichtet, sollte er für das ganze Bistum zum Ziel einer für damalige Begriffe relativ großen Wallfahrtsbewegung werden. Das gab in Beuron zu denken. Im Mai 1899 fragten sich die Mönche, warum in Gerleve mit hohen Kosten eine neue Klosterkirche errichtet werden müsste, wenn sich doch in Billerbeck ein gerade erst fertiggestelltes, sehr geeignetes Gotteshaus befand. In der Stadt könnte es genügen, neben dem Dom ein Kloster zu errichten. Die Pfarrei würde in ihre alte Pfarrkirche St. Johannes zurückkehren, während die Mönche – schon in Beuron mit der Wallfahrtsseelsorge vertraut – sich um die Liudgeruspilger kümmern würden. Die Wallfahrt könnte für die Gemeinschaft zu einer wichtigen Einnahmequelle werden. Draußen in Gerleve sollte eine sogenannte Expositur entstehen: Einige Mönche würden auf dem Hof leben und die Landwirtschaft versorgen.

Gegen diesen – im Prinzip durchaus sinnvollen – Plan gab es aber auch Einwände. Ein aus Coesfeld stammender, in Gorheim, einem nicht allzu weit von Beuron entfernten Ort, lebender Franziskaner berichtete in der Erzabtei, dass der münsterländische Diözesanklerus den Ordensleuten feindselig gegenüberstände. Nachdrücklich warnte er vor der *intoleranten münsterischen Geistlichkeit*[1]. Ein Liudgeruskloster am Billerbecker Dom müsste von Seiten der Weltpriester mit vielen Schwierigkeiten rechnen. Dabei handelte es sich um böse Nachrede. Tatsächlich setzte sich der Billerbecker Propst Bernhard Schnittkemper für eine Klostergründung in seinem Pfarrgebiet ein und befürwortete das Projekt der Wermelts[2].

Der Architekt des Billerbecker Doms, der Münsteraner Wilhelm Rincklake, war kurz zuvor, nämlich am 21. November 1896, in die Abtei Maria Laach eingetreten und hatte den Klosternamen Ludger erhalten. Auch er erhob in einem Brief an der Erzabt am 23. Mai 1899 schwere Einwände gegen die Idee einer benediktinischen „Übernahme" des Gotteshauses: *Der hochwürdigste Vater Erzabt ... wird gewiß Schwierigkeiten finden, um das Kloster auf dem Gute Wermelt zustande zu bringen, aber sicher nicht soviele, als es unter den günstigsten Umständen in Billerbeck möglich wäre, wo es auch sicher trotz alledem teurer wird*[3]. Bald konnte der Architekt auch mit genauen Zahlen aufwarten: Die Domkirche sei, schrieb er am 2. Juni, mit 126 000 Mark verschuldet. Rincklake verriet nicht, dass sein Kostenvoranschlag von 500 000 Mark um zirka 12 % überschritten worden war. Die Baukosten betrugen zuletzt sogar 700 000 Mark. Billerbecker Bürger spendeten die beachtliche Summe von 500 000 Mark. Bischof Dingelstad trug 6000 Mark, sein Weihbischof 4000 Mark bei. Für den Rest wurde ohne nennenswerten Erfolg in der ganzen Diözese kollektioniert. Dennoch dauerte es noch ein Jahrzehnt, bis der Gesamtbetrag beglichen war. Beuron wäre weder in der Lage gewesen, das wertvolle Gebäude zu erwerben, noch die ausstehenden Beträge zu decken.

1 Schmeing 1989, S. 71.
2 Häger 1997, S. 194.
3 Schmeing 1998, S. 71.

Und wie hätte man den vielen Stiftern im nachhinein erklären können, dass die neue Kirche den Benediktinern übergeben würde? Es blieb also dabei: In Gerleve war ein Neubau zu errichten. Klar war auch, dass dieser kostengünstiger auszufallen hatte als der Billerbecker Dom. Dennoch kam aus Beuroner Sicht als Architekt nur Ludger Rincklake in Frage. Erst einmal konnte er als Mönch von Maria Laach kein Honorar verlangen. Zweitens besaß er gute Kontakte zu den Baufirmen des Münsterlands und drittens hatte er sich nicht nur durch den Billerbecker Dom, sondern auch durch die Kreuzkirche in Münster, das Krankenhaus in Sendenhorst und viele andere Gebäude einen guten Namen gemacht.

Am 26. Mai 1899 reiste Rincklake mit Abt Benzler von Maria Laach zur feierlichen Weihe des Billerbecker Doms in die Baumberge. Am darauffolgenden Tag besuchten sie Maria Hamicolt. Damit keine Gerüchte aufkamen, machten sie auf dem Weg dorthin unauffällig bei Familie Wermelt Station. Zunächst ging es um den Standort des künftigen Klosters auf dem Grundstück der Wermelts. Gemeinsam fiel der Entschluss, ein neues Wohnhaus für die Geschwister Wermelt zu errichten. Dadurch würde ihr altehrwürdiger Hof frei, um die Gründungskommunität aus Beuron aufzunehmen. Für die Mönche musste eine ausreichend große und passend ausgestattete Kapelle eingerichtet werden.

Es bedurfte keiner Diskussion, um zu verstehen, dass sich der Hof selbst auf Dauer nicht zu einem Benediktinerkloster ausbauen ließ. Er sollte deshalb nur provisorisch als Kloster genutzt werden, bis an anderer Stelle auf dem Gelände ein Abteigebäude errichtet wäre. Benzler und Rincklake hielten es für falsch, diesen Neubau in unmittelbarer Nähe des Hofes direkt am Honigbach hochzuziehen. Dagegen sprachen vermutlich die Feuchtigkeit der oft überschwemmten Wiesen und vor allem die Enge des dort zur Verfügung stehenden Geländes, auf dem in erster Linie der für das Kloster nötige Fischteich seinen Platz finden musste. Auch ästhetische Gründe mögen bei der Entscheidung eine Rolle gespielt haben, das Kloster auf halber Höhe nördlich des Hofes zu errichten.

Der dortige Baugrund befand sich jedoch nicht im 54 ha großen Besitz der Wermelts. So galt es zunächst, einen Grundstücktausch zu organisieren. Die bisherigen Eigentümer zögerten, das gute Ackerland abzugeben. Es gelang erst durch Vermittlung des Roruper Pfarrers Johannes Busch, der die Hamicolter Benediktinerinnen seit langem betreute und bald auch ein Freund der Gerlever Benediktiner werden sollte, eine Lösung zu finden, die alle Seiten zufrieden stellte und die Grundbuchänderung ermöglichte.

Inzwischen diskutierten die Wermelts mit dem Beuroner Erzabt, wie das neue Kloster heißen sollte. St. Liudger kam wegen der Nähe zum gleichnamigen Billerbecker Dom nicht in Frage. Erzabt Wolter schlug als Patron den hl. Bonifatius vor. Der Apostel der Deutschen und Erzbischof von Mainz hatte selbst viele Klöster, darunter die berühmte Abtei Fulda, gegründet. Nach Ansicht von Rincklake verfügte Bonifatius bei der Bevöl-

P. Melchior Schmitz
(Abteiarchiv Gerleve)

kerung des Münsterlands über eine gewisse Verehrung und tatsächlich sind ihm noch heute 15 Kirchen des Bistums Münster geweiht. Dagegen hielten die Wermelts St. Joseph für den geeigneten Klosterpatron und setzten sich damit auch durch. Erzabt Placidus Wolter gab um so bereitwilliger nach, als der hl. Joseph seit jeher als treusorgender Hausvater galt. Er fürchtete, dass die finanziell schwach ausgestattete Neugründung ein „Sorgenkind" bleiben würde und daher auf diesen himmlischen Schutzherrn besonders angewiesen wäre.

Erzabt Placidus Wolter machte sich bereits Gedanken, welche Mönche er nach Gerleve entsenden könnte. Obwohl die Neugründung durch die Erzabtei Beuron erfolgte, war sie ein Anliegen der ganzen Beuroner Benediktinerkongregation. So stammte die Gründungsgruppe aus verschiedenen Klöstern. Als erster Superior des Klosters war der Beuroner Subprior Melchior Schmitz vorgesehen, nach Ansicht von Abt Benzler *ein ganzer Mann ..., der die kleine Familie leiten und zugleich den Klerus liebevoll gewinnen und Vertrauen verankern*[1] kann. Da P. Melchior im Herbst aber schwer erkrankt war, musste zunächst eine Vertretung gesucht werden. Die Wahl fiel auf P. Leander Helmling aus dem Emauskloster in Prag.

1 Joest, 19. Juni 1994.

oben:
Blick aus dem Klausurgarten auf die Westfassade der Abteikirche, den Pfortenflügel und den südwestlichen Turm des Klosters

links:
Die Statue des Klosterpatrons Joseph im Kreuzgarten befand sich bis 1964 am Südwestturm des Klosters.

## 2. Bescheidene Anfänge auf dem Wermelthof (1899–1904)

*soli Deo placere*
*Gregorius Magnus, Dialogorum libri IV, II, Prol. 1*

Am 18. September reisten Abt Benzler und P. Leander Helmling nach Münster. Dort machten sie Bischof Dingelstad einen Antrittsbesuch. Noch am Nachmittag konnten sie in Begleitung von Weihbischof Maximilian von Galen nach Billerbeck weiterfahren. Sie übernachteten bei Propst Bernhard Schnittkemper. Am nächsten Tag, also dem 19. September 1899, wollte Abt Benzler die Gründermönche nach Gerleve führen. Der Gruppe gehörten außer P. Leander Helmling auch P. Matthias Breitbach aus Maria Laach, ferner aus Beuron die Brüder Philipp Brugger und Wendelin Alf für die Landwirtschaft sowie als Koch der einzige Westfale und ausgebildete Bäcker Ewald Havixbeck an.
Frühmorgens feierte P. Leander die hl. Messe im Billerbecker Dom am Sterbeort des hl. Liudger. Dann ging es mit dem Weihbischof und einigen Geistlichen der Umgebung hinaus nach Gerleve. Der ganze Weg war mit Ehrenpforten und Fahnen festlich geschmückt, viele Menschen in Festtagskleidung erwarteten die Neuankömmlinge auf dem Wermelthof. Schulkinder trugen verschiedene Gedichte vor, darunter die etwas holprigen, aber herzlichen Verse:

*Hochbeglückt sind wir nun heute,*
*denn es hat St. Benedikt,*
*die beliebten Ordensleute,*
*seine Söhne uns geschickt.*
*Was wir wünschten, ist nun nah:*
*Kirche, Priester und Altar.*

Gegenüber dem zum Kloster umgebauten Hof las man:

*Wirket für uns segensreich,*
*unser Herz schlägt warm für Euch.*

Am Giebel der provisorischen Kapelle prangte die Inschrift:

*Was unser Fleiß nicht kann erringen,*
*das mög' uns euer Orden bringen*[1].

1 Alle nicht gekennzeichneten Zitate sind der Chronik der Abtei Gerleve entnommen.

In der Kapelle feierten die Anwesenden eine Messe. Maria Laach hatte dem neuen Klösterchen ein Harmonium gestiftet, auf dem zum Abschluss der Billerbecker Kaplan Joseph Schmiehausen das Lied *Großer Gott, wir loben dich* anstimmte. Zum Mittagessen luden die drei Geschwister Wermelt in ihr neues Wohnhaus. Abt Benzler und Propst Schnittkemper hielten kurze Ansprachen, ebenso der Maria Hamicolt eng verbundene Landtagsabgeordnete der Zentrumspartei, Wilhelm Leppelmann. Er dankte für die Neugründung *im Namen der Familien und des Landes*. Aus Beuron traf ein Glückwunschtelegramm des Erzabtes Placidus Wolter ein. Am Nachmittag ordnete Abt Benzler den künftigen Tagesablauf der Gründermönche, der ganz benediktinisch vom Wechsel zwischen Arbeit und Stundengebet bestimmt sein sollte:

4.00 Uhr Aufstehen
5.00 Uhr Laudes und Prim
6.00 Uhr Hl. Messe (sonntags zusätzlich auch um 7 Uhr)
11.45 Uhr Terz und Sext
12.00 Uhr Mittagessen
13.30 Uhr Non und Vesper
19.00 Uhr Abendessen
20.00 Uhr Komplet

Dieser Tagesablauf wurde nach der Erhebung des Klosters zur Abtei 1904 noch einmal geringfügig geändert und musste 1940 wegen der kriegsbedingten Einführung der Sommerzeit etwas verschoben werden. Erst 1948 kam es aus theologischen Gründen zu einer Revision. Die Messe wird seither um 9.00 Uhr bzw. sonntags um 10.00 Uhr gefeiert und die Vesper um 17.30 Uhr gesungen.
In den nächsten Wochen nach der Eröffnung trafen aus Beuron weitere Mönche ein: am 25. Oktober P. Hubert Scheuffens, der die Finanzverwaltung der Niederlassung übernahm, am 3. November der Schneider Theodor Hanser, am 20. November endlich der Superior P. Melchior Schmitz und zuletzt am 19. Dezember als jüngstes Mitglied der Gemeinschaft Br. Fridolin Karges, der erst wenige Monate zuvor am 13. August 1899 in Beuron eingetreten war. So lebten Ende des Jahres bereits neun Mönche in Gerleve. P. Leander Helmling wurde jedoch an anderer Stelle gebraucht und verließ das junge Kloster schon nach einem halben Jahr am 29. März 1900.
Die drei in der Landwirtschaft tätigen Brüder hatten viel zu tun. Mit Unterstützung der Wermelts und wohl auch einiger Knechte mussten wahrscheinlich noch die Kartoffeln und Rüben eingeholt werden, bevor die Wintersaat ausgesät werden konnte. Auch galt es, das Vieh zu versorgen. Inzwischen übernahmen die Patres von Anfang an Seelsorgsaufgaben in den Pfarreien der Umgebung. Trotz größten Arbeitseinsatzes konnte es unter diesen Umständen aber nicht gelingen, auch nur den täglichen Lebensunterhalt

für neun Personen zu sichern. Die Kommunität war auf Unterstützung durch Nachbarn und Freunde angewiesen. Hilfe blieb nicht aus. Die Nachbarn halfen dem Kloster mit Lebensmitteln und Hausrat, wo sie nur konnten.

Nur sehr langsam stabilisierte sich die Lage. Das zeigte sich besonders in den Gottesdiensten, die für ein Benediktinerkloster zunächst sehr schlicht gefeiert wurden. Die Mönche waren auf die Unterstützung fremder Sänger angewiesen. Während Weihnachten noch ganz einfach begangen wurde, gelang es P. Melchior Schmitz am Dreikönigsfest 1900 zum ersten Mal, ein Hochamt zu singen. Erst Anfang Mai waren die Mönche in der Lage, die Messe auch ohne andere Sänger zu feiern.

Durch die vielen Mess-, Predigt- und Beichtaushilfen in den umliegenden Pfarreien entstanden rasch gute Beziehungen zu den Ortsgeistlichen. Umsichtig gelang es P. Melchior Schmitz, den Eindruck zu vermeiden, das neue Kloster wollte in Konkurrenz zu den Pfarreien treten. Auch bei den Bauern gewann er rasch Ansehen. Auf dem Hof Schulze-Thier in Westhellen lebte ein Waisenkind aus den Niederlanden, das in Billerbeck getauft worden war. P. Schmitz bereitete es auf die Erstkommunion vor, die er ihm am Pfingstsonntag 1900 in der Klosterkapelle spendete.

Das Jahr 1900 brachte der Gemeinschaft eine kleine Personalverstärkung. Am 18. April traf aus Beuron P. Raymund Gaus ein. Am 13. Mai folgte der Schuster Br. Ulrich Stegherr und am 1. Oktober aus Maria Laach der Schmied Florian Paul. 1901 wurden drei Mönche versetzt, wofür Gerleve aber Ersatz erhielt. Rechtzeitig zur Hauptarbeitszeit in der Landwirtschaft schickte Maria Laach am 11. September 1901 Br. Leonard Glaser sowie am 24. November den gelernten Schlosser Br. Gereon Lelickens. Beuron sandte am 3. Dezember für zweieinhalb Jahre Br. Cosmas Wipf als Pförtner. An Arbeit fehlte es nicht. Im Sommer 1900 errichteten die Mönche einen Kuhstall und eine Remise. Zur Erleichterung der Arbeit wurde eine Dampfdreschmaschine angeschafft.

Im Juni 1900 besuchte Erzabt Placidus Wolter Gerleve zum ersten Mal. Die Geschwister Wermelt wollten sich dem Orden näher anschließen und wurden deshalb am 17. Juni vom Erzabt in das Probejahr des Oblatenkreises aufgenommen. Als Benediktineroblaten konnten sie ihr bisheriges Leben fortsetzen, gehörten aber zur geistlichen Gemeinschaft des Klosters und beteiligten sich auf ihre Weise und nach ihren Möglichkeiten an dessen Gebeten.

Der Erzabt nutzte seinen Aufenthalt, um die Lage des Konvents kennenzulernen und dessen Zukunftsaussichten zu prüfen. Da die Niederlassung ja nicht selbstständig, sondern ein Teil der Beuroner Kommunität war, erstattete Erzabt Wolter dort nach seiner Rückkehr Bericht. Insgesamt hatte er einen guten Eindruck gewonnen. Deshalb unterstützte er den Vorschlag P. Rincklakes, *noch in diesem laufenden Jahr zu beginnen, Steine zu brechen und im nächsten Frühjahr mit dem Bau des neuen Klosters anzufangen*[1]. Wolters Bericht traf jedoch auf Skepsis. Vermutlich fürchteten seine Berater, dass die Finanzierung des Projekts nicht ausreichend gesichert war und die Mittel der Erz-

1 Joest, 26. Juni 1994.

abtei überfordern würde. *Ganz für den Vorschlag äußerte sich keine Stimme*[1]. Der enttäuschte Erzabt schrieb P. Melchior Schmitz: *Meine rosigen Hoffnungen wurden etwas abgekühlt*[2].

Inzwischen gab es Stimmen, die das Projekt Gerleve ganz aufgeben wollten. Für eine Gründung in Westfalen sei das ehemalige Zisterzienserkloster Hardehausen bei Warburg besser geeignet. Weihbischof Maximilian von Galen plädierte für das 20 km westlich von Gütersloh gelegene Stromberg und hatte dafür gute Argumente: *In seinen Augen war der von einer alten gotischen Wallfahrtskapelle zum Heiligen Kreuz gekrönte Hügel bei Stromberg ein besserer Platz für eine Benediktinerabtei als hier das verborgene, an großen historischen Erinnerungen arme Gerleve*[3]. Fr. Ludger Rincklake hielt dagegen. Hardehausen war seiner Meinung nach nicht zu erwerben. Darin täuschte er sich, da das ehemalige Kloster kaum dreißig Jahre später, 1927, von den Zisterziensern erfolgreich wiederbesiedelt wurde, die es dann allerdings schon 1938 unter nationalsozialistischem Druck wieder verlassen mussten. Auch Stromberg schien Rincklake ungeeignet. Da diese Vorschläge von außen kamen, fiel es Erzabt Placidus Wolter relativ leicht, sie abzuwehren. Auch aus prinzipiellen Erwägungen lehnte er eine Standortänderung der westfälischen Gründung ab. P. Melchior Schmitz gegenüber meinte er, *dass die Stabilität der Benediktiner sich in seltsamem Licht zeigen würde, wenn das kaum begonnene Werk in der Gemeinde Billerbeck fallen gelassen würde*[4].

Wie aber konnte Erzabt Wolter seinen Konvent von den Gerlever Bauplänen Rincklakes überzeugen? Placidus Wolter suchte die Rückendeckung des ranghöchsten Benediktiners und wandte sich an den aus Belgien stammenden Abt-Primas Hildebrand de Hemptinne. Aber auch dieser brachte Bedenken zu Gehör: *Es sei kein Grund, wegen einer verhältnismäßig unbedeutenden Schenkung von Land ein so großes Unternehmen wie die Gründung einer Abtei zu beginnen*[5]. Hemptinne selbst musste gerade in diesen Jahren erfahren, dass der Innenausbau des von ihm entworfenen Benediktinerkollegs S. Anselmo in Rom ins Stocken geriet. Auch missfielen ihm, der selbst erfolgreich als Architekt tätig war, die Skizzen Rincklakes.

Rincklake war bisher durch hervorragende neogotische Bauwerke – typisch das bemerkenswerte, 1889 eröffnete St.-Josef-Krankenhaus in Sendenhorst – hervorgetreten. Für Gerleve wählte er nun den ihm eher fremden neuromanischen Stil. Wie es zu dieser Grundentscheidung, die Rincklake sicher nicht alleine traf, kam, ist nicht bekannt. Vielleicht galt den Beuroner Mönchen die Romanik damals als typisch klösterlicher Baustil des Mittelalters. Vielleicht folgte man dem Geschmack des Maria Laach eng verbundenen Kaisers Wilhelm II., der die Stauferzeit als vorbildliche Epoche der Kirchbaukunst betrachtete. Tatsächlich fügte Rincklake in seinen Entwürfen verschiedene Elemente der rheinischen Romanik in eklektischer Weise zusammen. Möglicherweise aber scheute er sich auch nur, in unmittelbarer Nähe seines neugotischen Ludgerusdoms in Billerbeck eine zweite gotische Kirche zu erbauen. Wahrscheinlich war die

1 Joest, 26. Juni 1994.
2 Joest, 26. Juni 1994.
3 Joest, 26. Juni 1994.
4 Joest, 26. Juni 1994.
5 Joest, 26. Juni 1994.

kompakte romanische Bauweise aber auch billiger als die aufwändigere Gotik.
Als Abt-Primas besaß Hemptinne bei dieser Klostergründung kein Mitspracherecht. Da Hemptinne aber auch bis 1909 das Amt eines Abtes im belgischen Kloster Maredsous ausübte und deshalb im Beuroner Generalkapitel Sitz und Stimme hatte, konnte er auf Kongregationsebene durchaus hinderlich werden. Deshalb veranlasste Erzabt Placidus Wolter ein Treffen Hemptinnes mit P. Rincklake. Bei dieser Gelegenheit konnte der Laacher Mönch und Architekt seine Pläne erläutern. Nach dem Treffen bekannte der Primas gegenüber dem Erzabt, er habe in *P. Ludger einen recht tüchtigen und achtungswerten Architekten kennengelernt*[1]. So trug die langwierige Überzeugungsarbeit Placidus Wolters Früchte. Das Beuroner Seniorat beschloss am 22. Oktober 1900, *daß wir bald in Gottes Namen den Bau in Angriff nehmen*[2].
Zu Neujahr sandte der Erzabt der Gerlever Gründungskolonie die Baupläne Rincklakes, die inzwischen von Abt-Primas de Hemptinne leicht verändert worden waren. So war nun etwa der Chor erweitert worden. Das Beuroner Seniorat lobte den verbesserten Plan und der Beuroner Architekt P. Mauritius Gisler fand ihn *schön und praktisch*[3]. Dass der Erzabt, um die Finanzierung zu sichern, auf eine Kollekte des Münsteraner Bischofs sowie auf die Unterstützung durch die benachbarten Bauern hoffte, bewies jedoch, dass es diesbezüglich auch weiterhin keine solide Planung gab.
Zu Beginn des Jahres unternahmen die Wermelts einen letzten Versuch, das Kloster nicht – wie schon entschieden – auf halber Höhe, sondern direkt im Tal zu errichten. Zur Begründung führten sie an, dass in der Höhenlage Wasser fehle und der Weg dorthin zu steil sei. Rincklake jedoch lehnte weitere Diskussionen ab: *Durch die höhere Lage ist das Kloster schöner und trockener gelegen, es kostet oben weniger, und das beste Land wird nicht für den Bau fortgenommen, sondern es bleibt für den Garten, der noch durch den Bau des Klosters gegen den Nordwind geschützt wird*[4].
Als Bischof Dingelstad am 5. Mai 1901 nach Gerleve kam, begutachtete er die Baupläne und *ermunterte zum Bauen*. Das war kaum noch nötig, denn Rincklake bemühte sich bereits, geeignete Baufirmen zu finden und Aufträge zu vergeben. Als eigentlicher Bauherr fungierte der Beuroner Erzabt, der bei der Unterzeichnung seufzte, daß dies ein *schwerer Akt* für ihn sei, da *unsere Mittel unzureichend sind*[5]. So plante man vorsichtig, zunächst nur einen Teil der Kirche und den Westflügel zu errichten.
Am 7. Juli feierten die drei Geschwister Wermelt ihre Oblation. Am gleichen Tag erfolgte in Anwesenheit von Weihbischof Maximilian von Galen die Grundsteinlegung, obwohl die staatliche Baugenehmigung noch gar nicht vorlag. Sie traf erst am 19. Oktober in Gerleve ein. Mehrere Tausend Menschen sollen am 7. Juli an der Zeremonie teilgenommen haben. Unter dem künftigen nordwestlichen Vierungspfeiler wurde der Grundstein gesetzt. Die Urkunde bekannte mit den Worten des 1. Korintherbriefes 3, 11: *Einen anderen Grund kann niemand legen außer dem, der ist Christus.* Weihbischof von Galen hielt die Festpredigt.

1 Joest, 26. Juni 1994.
2 Joest, 26. Juni 1994.
3 Joest, 26. Juni 1994.
4 Joest, 26. Juni 1994.
5 Joest, 26. Juni 1994.

Kapitell der nordwestlichen Vierungssäule

Nach diesem verheißungsvollen Beginn entschied der Erzabt im September, dass außer dem Schiff auch das Querschiff der Abteikirche errichtet werden sollte. Im Winter mussten die Arbeiten unterbrochen werden. Im Sommer 1902 waren dann aber über 90 Arbeiter auf der Baustelle beschäftigt. Ein Teil von ihnen stammte aus Italien. Ein Mönch, der italienisch sprach, übernahm ihre seelsorgliche Betreuung. Diese Ausländer kamen nur im Sommer zur Arbeit nach Deutschland. Von den Bauunternehmern erhielten sie allerdings so wenig Lohn, dass sie mit Streik drohten. Als Baumaterial diente in erster Linie der schöne Baumberger Sandstein, der gleich neben der Baustelle in einem Steinbruch gebrochen wurde.
Trotz winterlicher Temperaturen begannen die Zimmerleute im Januar 1903, den Dachstuhl aufzusetzen. Richtfest war am 14. Februar. Sogleich wurde Dachpappe auf die hundert Sparren verlegt, um das Kircheninnere provisorisch gegen Regen zu schützen.

Geläut 2004

Der Sommer 1903 stand dann schon im Zeichen des Innenausbaus: Bodenplatten, Türrahmen und Glasfenster mussten herbeigebracht und montiert werden.
Für die Türme wünschte sich die Gemeinschaft ein anspruchsvolles Geläut. Dank der Großherzigkeit der Nachbarn und Freunde war es möglich, im Sommer 1904 in Gescher sechs Glocken gießen zu lassen, die am 5. Juni geweiht wurden. Die größte „Immaculata" (C) wog 2505 Kilogramm, „St. Joseph" 1351 Kilogramm und die kleinste, „Ludgerus" immerhin noch 273 Kilogramm.
Die nahende Fertigstellung des Klosterbaus erforderte auch eine Neuordnung und Aufstockung der Kommunität. Schon 1903 überlegte der Erzabt, welche Mönche er zur Verstärkung nach Gerleve schicken könnte, ohne die Beuroner Kommunität allzu sehr zu schwächen. Als besonders drückend empfand er die Frage, wen er zum ersten Prior des jungen Klosters ernennen könnte. Dass er diese Sorgen in einem Brief an den bisherigen Superior P. Melchior Schmitz formulierte, zeigte diesem, dass sein Wunsch, aus gesundheitlichen Gründen nach Beuron zurückkehren zu dürfen, gehört worden war. In seiner Heimatabtei durfte er das Amt des Priors übernehmen. In Gerleve sollte ihn P. Chrysostomus Stelzer ersetzen. Dieser verfügte über ein profundes theologisches Wissen und hatte vier Jahre lang in S. Anselmo Dogmatik und Moral gelehrt, bevor er als Prior in Beuron zwölf Jahre lang Erfahrungen in der Führung eines Klosters erwerben konnte.
Darüber hinaus wollte Beuron das Kloster nun zur selbstständigen Abtei erheben lassen. Die entscheidende Bedingung des Kirchenrechts, eine Konventsstärke von zwölf Mönchen, erfüllte der Erzabt großzügig. Bis auf den ohnehin nur aushilfsweise nach Gerleve geschickten P. Leander Helmling und Br. Theodor Hanser sowie P. Melchior Schmitz blieb die bereits 1899 in Gerleve eingesetzte Gruppe erhalten. Der Erzabt sandte darüber hinaus so viele Patres und Brüder, dass die Abtei auf zwölf Priestermönche und ebenso viele Laienbrüder rechnen konnte. Der zum Prior vorgesehene Stelzer nahm Kontakt zu

P. Chrysostomus Stelzer, 1904-1905 erster Konventualprior von Gerleve (Abteiarchiv Gerleve)

Bischof Dingelstad auf, den er bat, die Erhebung Gerleves zur Abtei in Rom zu befürworten. Zugleich wies er den Bischof darauf hin, dass der Erzabt nicht beabsichtige, auch gleich einen Abt zu bestellen. Gerleve sollte vielmehr noch einige Zeit unter der Leitung eines Priors leben. Vermutlich wollte Placidus Wolter dem Kloster durch diese anspruchslosere Struktur und über einen längeren Zeitraum die Möglichkeit geben, sich zu stabilisieren. Vielleicht dachten Wolter und Stelzer bei ihrer Entscheidung aber auch in erster Linie an den Münsteraner Bischof, den sie nur sukzessive an den Gedanken gewöhnen wollten, dass in seinem Bistum ein Abt mit dem Recht, Stab und Mitra zu tragen, lebte. Bischof Dingelstad jedenfalls sagte Stelzer seine volle Unterstützung zu.
Die römische Kurie kam dem Wunsch des Erzabtes und des Bischofs am 13. Mai 1904 gerne nach. Erzabt Placidus ließ dem Beuroner Konvent die Urkunde am Pfingstsonntag im Refektorium verlesen. Ferner gab er Ende des Monats das Personaltableau der neuen Abtei und die Ernennung Stelzers zum ersten Prior bekannt. Am 6. Juni übergab er Prior Stelzer das Gründungskreuz und spendete ihm den Reisesegen. Dann brach der Prior mit einigen weiteren Mönchen nach Gerleve auf. Nach einem Zwischenaufenthalt in Maria Laach erreichte die Gruppe am 8. Juni ihr Ziel. Niemand von ihnen kannte das neue Kloster und so ging es nach einem Gebet in der Kapelle des Wermelthofes – das Gründungskreuz vorweg – in einer Prozession hinauf zum Neubau, den Prior Chrysostomus sogleich einsegnete.

## 3. Der Aufstieg (1904 – 1933)

*pro Deo laboribus fatigari*
*Gregorius Magnus, Dialogorum libri IV, II, Prol. 3*

Am folgenden Tag stattete der Prior Bischof Dingelstad einen Antrittsbesuch ab. Am Abend läuteten zum ersten Mal die Gerlever Glocken, um Weihbischof von Galen zu begrüßen. Einen Tag später – die Kirche feierte das Herz-Jesu-Fest – benedizierte dieser in aller Frühe die Klosterkirche und feierte darin eine sogenannte stille Messe. Um zehn Uhr zelebrierte Prior Chrysostomus das Hochamt. Achtzig geladene Gäste waren erschienen. Die Predigt hielt der Weihbischof. Der feierlichen Pontifikalvesper um 16.00 Uhr, mit der die Mönche das Stundengebet in der Abteikirche aufnahmen, stand von Galen vor. Unter den Gästen fand sich als Vertreter des erkrankten Erzabtes auch Abt Fidelis von Stotzingen, der Nachfolger Benzlers in Maria Laach. Am Sonntag sprach er zu den nunmehr 25 Gerlever Mönchen und verlas ein Schreiben des Erzabtes, der einige Mahnungen mit auf den Weg gab: *Unser heiliger Orden ist seit Generationen dort fast unbekannt geworden, es gilt, ihn neu einzuführen: mehr durch stilles Gebetsleben als durch öffentliches Wirken das Volk zu gewinnen, ihm durch das Beispiel klösterlichen Familienlebens, durch Benediktinerfleiß und Treue gegen die heilige Regel ein Vorbild für ein christliches Leben zu geben... Das Mutterkloster hat für die Errichtung des Neubaus große Opfer gebracht und damit für das Materielle nach Kräften gesorgt. Suchen Sie nun den geistlichen Aufbau auszuführen, zu Ihrem eigenen wie vieler fremder Seelen Heil. Machen Sie Beuron Ehre!*[1]

Der Klosterbau war zu diesem Zeitpunkt noch nicht einmal zur Hälfte vollendet. Die Kirche konnte zwar nach vierjähriger Bauzeit benutzt werden, es fehlte jedoch der östliche Abschluss hinter der Vierung. Er wurde durch eine provisorische Rückwand mit Apsis und kleiner Rosette geschlossen und diente zunächst als Chor- und Altarraum. Einen guten Eindruck machte die Westfassade der Kirche, die zwei mächtige Türme schmückten. Vom Kloster stand – in südlicher Fortsetzung der Kirchenfassade – nur der 49,50 m lange Westflügel. Er enthielt ausreichend Zellen für die Priester, einen Gemeinschaftsschlafsaal für die Brüder und einen provisorischen Bibliotheksraum. Im künftigen Kreuzgang wurden durch Trennwände vorübergehend das Refektorium und der Kapitelsaal eingerichtet.

Bereits die nächsten Monate brachten dem Kloster schmerzliche Verluste. Am 14. November 1904 starb der mit 62 Jahren jüngste, aber bereits seit längerem kränkelnde der drei Stifter, Hermann Wermelt. Elisabeth sollte ihm 1909, Bernhard 1918 folgen. Später fanden sie eine ehrenvolle Ruhestätte in der Klosterkirche. Prior Chrysostomus

1 Joest, 3. Juli 1994.

Gottfried Westhoff, St. Joseph. Die Erzabtei Beuron schenkte Gerleve das Bild des Klosterpatrons 1900. Bis 1950 hing es über dem Hochaltar der Abteikirche, heute befindet es sich in der Infirmerie.

Stelzer musste sich Anfang 1905 zur Erholung nach Bonn begeben. Dort erlitt er einen Bruch, der sofort operiert wurde. Unglücklicherweise trat nach der Operation eine Lungenentzündung ein, so dass Stelzer unerwartet wenige Tage darauf am 2. Februar 1905 verstarb. Er wurde in Beuron beigesetzt. Acht Monate nur hatte er in Gerleve gewirkt. Für Erzabt Plazidus Wolter war das *seit dem Tode* des Kongregationsgründers *Maurus Wolter der schwerste Verlust für die ganze Beuroner Kongregation*[1].

## Abt Raphael Molitor

Noch bevor die Mönche von Gerleve einen neuen Prior wählen konnten, ernannte Erzabt Placidus Wolter am 10. Februar 1905 einen solchen. Bei diesem autoritären Verhalten handelte es sich um einen klaren Verstoß gegen das Ordensrecht. Vermutlich sollte der Coup des Erzabtes verhindern, dass die junge Abtei durch den plötzlichen Verlust Stelzers in eine Existenzkrise geriet. Gerleve gegenüber beschönigte Wolter sein Eingreifen mit den Worten: „Das Mutterkloster bringt auch diesmal wieder ein schweres Opfer“. Tatsächlich konnten sich die ihres Wahlrechts beraubten, völlig überraschten Gerlever Mönche über ihren neuen Prior nicht beklagen.

1 Die Benediktinerabtei Gerleve 1998, S. 62.

P. Raphael Molitor (1873–1948) war kein Unbekannter für den Gerlever Konvent. Die meisten kannten ihn aus Beuron. Als Sohn eines Lehrers war er dort 1890 wie seine drei Brüder Gregor, Heinrich und Ambrosius eingetreten. Die Schwester Rosa heiratete den Musikwissenschaftler Ernst von Werra. Nach dem Noviziat studierte Raphael Philosophie und Theologie, bevor er als 23-jähriger 1896 für zwei Jahre an die römische Benediktinerhochschule S. Anselmo geschickt wurde. Kaum zum Priester geweiht, unterrichtete er in seinem Heimatkloster Dogmatik, Kirchenrecht, Moral- und Pastoraltheologie. Sein Herz aber gehörte der Kirchenmusik. So reiste er nach Italien, um Archivforschungen zur Geschichte des katholischen Choralgesangs anzustellen. Das Ergebnis veröffentlichte er 1901 in dem Werk „Die nachtridentinische Choralreform zu Rom". Seine These, dass es sich bei der damals in der Liturgie vorgeschriebenen „Editio Medicaea" nicht um eine authentische Ausgabe des gregorianischen Repertoriums handelte, erhöhte in den Fachkreisen die Bereitschaft zu einer völligen Neubearbeitung der Choralbücher. 1904 erschien sein Buch über „deutsche Choralwiegendrucke", das er Papst Pius X. in Privataudienz überreichte.

Den 32-jährigen führte Abt Fidelis von Stotzingen noch im Februar 1905 als Prior in Gerleve ein. 43 Jahre lang sollte er das westfälische Kloster leiten. Aus Beuron brachte er den ein Jahr zuvor zum Priester geweihten P. Gerhard Oesterle mit. Nach dem traurigen Abschied von P. Chrysostomus Stelzer konnten die Gerlever Mönche nun neuen Mut fassen. Das Fronleichnamsfest am 22. Juni wurde mit großem Aufwand und reger Beteiligung der Bevölkerung gefeiert. Anschließend traf Erzabt Placidus Wolter zur kanonischen Visitation ein. Das neue Kloster gefiel ihm gerade wegen seiner Schlichtheit gut. Verständnis zeigte er, dass das Leben der Kommunität nicht in allen Punkten dem strengen Reglement folgte, das in der großen und bereits gefestigten Gemeinschaft Beurons möglich war.

Prior Raphael stellte sich seiner neuen Aufgabe, auf die er als Musiker und Wissenschaftler keineswegs vorbereit war, mit viel Elan. Am Jahresende bereits zog er eine positive Bilanz: *Das feierliche Gotteslob hat an Schönheit gewonnen, die Ausstattung der Sakristei bessert sich, Schenkungen haben den Bestand der Bibliothek vergrößert, schwierige Verhandlungen mit den Nachbarn konnten zufriedenstellend abgeschlossen werden, der Garten hat Gestalt gewonnen, einzelne Stallungen wurden vergrößert, ein Streifen Heideland urbar gemacht. Weiter gilt: Die Armut ist unser größter Reichtum*[1].

Auch das neue Jahr brachte Gerleve eine bedeutungsvolle Neuerung. Der Erzabt hielt die Konsolidierungsphase der Neugründung für abgeschlossen und ernannte Raphael Molitor am 10. November 1906 zum ersten Abt des Klosters. Zu diesem Anlass schenkte er ihm ein wertvolles Brustkreuz, das durch die Prinzessin Elise von Fürstenberg aus dem Nachlass des 1868 verstorbenen Freiburger Erzbischofs Hermann von Vicari nach Beuron gelangt war. Die Abtsbenediktion erfolgte am Dritten Adventssonntag 1906, dem 16. Dezember, im Dom zu Münster. Eine vornehme Geste des damaligen

1 Joest, 3. Juli 1994.

Abt Raphael Molitor trägt das Pektorale aus dem Nachlass des Freiburger Erzbischofs von Vicari (Abteiarchiv Gerleve) .

Münsteraner Generalvikars Felix von Hartmann war es, dem Abt bei dieser Gelegenheit aus seinem Familienbesitz eine Kreuzreliquie (4,5 cm x 3,5 mm) zu übergeben, die früher dem letzten Liesborner Abt Karl von Kerssenbrock gehört hatte. Hartmann stellte Gerleve so auf symbolische Weise in die Nachfolge der in der Säkularisation aufgehobenen westfälischen Benediktiner. Dank der Großzügigkeit des Münsteraner Kunstsammlers und Mäzens Joseph Hötte war es bald möglich, für diese in einer einfachen Goldkapsel aufbewahrte Reliquie ein schönes, von Rincklake entworfenes Reliquiar herstellen zu lassen. Noch heute wird die Reliquie zum Fest Kreuzerhöhung am 14. September in der Abteikirche zur Verehrung ausgestellt.

Abt Raphael bestimmte als Wahlspruch der Abtei: *In electis mitte radices – In auserwähltes Erdreich senke deine Wurzeln* (Jesus Sirach 24, 13), eine diskrete Verbeugung vor den Westfalen. Für sich selbst wählte er das Pauluswort: *Vince in bono – Siege durch Güte* (Röm 12, 21). Das Abteiwappen zeigt im oberen Feld eine Lilie, im unteren die beiden Opfertauben des hl. Joseph.

Pektorale aus dem Nachlass der Freiburger Erzbischofs von Vicari. Oben Vorderansicht des mit Rubinen verzierten Goldkreuzes, unten die mit einem Herz-Jesu verzierte Perlmuttrückseite

Die Prager Frauenabtei St. Gabriel schenkte Abt Raphael Molitor zu seiner Weihe am 16. Dezember 1906 diese Mitra. Sie zeigt auf der Rückseite unter einer Darstellung der Gottesmutter das später eingesetzte Abteiwappen und den Wahlspruch des ersten Abtes. Auf der hier nicht abgebildeten Vorderseite befinden sich in gleicher Verteilung eine Darstellung des Guten Hirten, das Wappen von Abt Pius Buddenborg und der Introitus des Dritten Adventssonntags (Gaudete): *Freut euch allezeit im Herrn* (Phil 4, 4).

Abteiwappen

## Personalentwicklung

Am Anfang konnte die noch völlig unbekannte Gerlever Gründung kaum auf Eintritte aus der westfälischen Bevölkerung rechnen. Die wenigen jungen Mitbrüder wurden zunächst in das Noviziat von Maria Laach gesandt. Unmittelbar nach der Ankunft von Prior Raphael Molitor erlebte Gerleve die erste Professfeier, als zwei Mönche am 19. März 1905 die Gelübde ablegten. Es handelte sich um Br. Martin Wieskötter aus Greven, der 1901 als 19-jähriger eingetreten war, und um P. Ludger Bureick aus Oelde, der 1903 nach Gerleve kam, nachdem er zuvor als Kaplan in Laggenbeck bei Ibbenbüren gearbeitet hatte.

Prior Raphael Molitor unterstrich die Selbstständigkeit des Klosters, in dem er ein eigenes Noviziat eröffnete, in das er als ersten Novizen den aus Rotterdam stammenden Niederländer Willibald Krämer aufnahm. Das Amt des Novizenmeisters vertraute er für mehr als 25 Jahre P. Bonaventura Rebstock an. Wie kaum einer sonst prägte P. Bonaventura den Konvent. Wer ihn persönlich oder durch seine Schriften kennenlernte, spürte, dass er in überzeugender Weise aus dem Glauben an Christus lebte. Seine Begeisterung für die Hl. Schrift und die Kirchenväter als Quelle des Glaubens wirkte ansteckend.

Damals wie heute war für die Novizen ein abgetrennter Wohnbereich vorgesehen. Sie erhielten Unterricht zu verschiedenen Fragen des klösterlichen Lebens. Im übrigen übernahmen sie einfache Aufgaben im Haus und beteiligten sich wie alle Mönche an den Gottesdiensten.

Unter der Leitung von Abt Raphael Molitor erlebte die Gemeinschaft einen raschen Zuwachs an Mitgliedern. Obwohl im Ersten Weltkrieg fünf Mitbrüder fielen, stieg die Zahl der Mönche bis 1933 auf 81 an. Die jungen Leute kamen überwiegend aus Westfalen und dem Rheinland, aber auch aus Norddeutschland, aus dem Saarland und dem Elsass. Der schweizerische Kirchenmusiker Notker Kamber war 1918 über Beuron nach

Refektorium. Die monumentale Kreuzigungsgruppe (1920) an der östlichen Stirnwand ist ein Werk Eduard Fischers.

Gerleve gelangt. Gerleve partizipierte in dieser Hinsicht an dem damals allgemein sehr starken Interesse an kirchlichen Berufen. Dennoch können auch interne Gründe für den rasanten Aufschwung benannt werden: Mit Raphael Molitor besaß das Kloster eine dynamische und im Münsterland bald sehr bekannte Führungspersönlichkeit. Er strahlte tiefen Glauben aus, verfügte aber auch über vielseitige Interessen, eine umfassende Bildung und herzlichen Humor. Vor allem aber zog die von ihm nach Beuroner Art in Gerleve eingeführte benediktinische Lebensform viele Menschen an.

Nicht anders als in den übrigen Klöstern der Beuroner Kongregation war der Gerlever Konvent von Anfang an zweigeteilt. Brüder und Patres lebten zwar unter einem Dach und nahmen ihre Mahlzeiten gemeinsam ein. Zum Gottesdienst der Patres aber kamen die Brüder nicht. Statt des lateinischen Offiziums beteten sie das „Vater unser" und das „Gegrüßet seist du Maria" in einer genau vorgeschrieben Zahl. An der Konventsmesse nahmen sie nur am Sonntag teil, sonst ministrierten sie bei den Privatmessen. Die Patres trugen einen vollständigen monastischen Habit, die Brüder eine einfache Tunika. Patres mussten sich rasieren, die Brüder einen Bart stehen lassen. Jeder Pater bewohnte eine Zelle für sich, die Brüder schliefen in einem Schlafsaal. Sie unterstanden einem eigenen „Brüderinstruktor" und wurden in einem besonderen Noviziat ausgebildet, das nicht mit der feierlichen Profess, sondern mit einfachen Gelübden endete. Kurzum: *Zwei religiöse Gemeinschaften lebten unter einem Dach*[1]. In ihrem Handwerk bzw. in der Landwirtschaft oder im Garten leisteten die Brüder oft erstklassige Arbeit. Allerdings konnte der Eindruck entstehen, sie trügen die Hauptlast der klösterlichen Arbeit, während mancher Pater von seiner seelsorgerischen, wissenschaftlichen oder künstlerischen Tätigkeit nicht ausgelastet war. Es scheint, dass dieses System in Gerleve bis zum Zweiten Weltkrieg fraglos akzeptiert wurde, während es in anderen Klöstern – insbesondere in Maria Laach – Überlegungen zu einer vorsichtigen Neuordnung gab.

1 Buschmann, (wie S. 5, Anm. 1), S. 527.

Die Chor- oder Priestermönche übernahmen die als sehr erfüllend empfundenen Gottesdienste mit dem lateinischen Gregorianikgesang sowie die damals zum Teil überaus komplizierten, bis ins letzte Detail geregelten Zeremonien. Im übrigen arbeiteten sie teils in der Seelsorge, teils als Wissenschaftler, teils auch in der Klosterverwaltung. An besonderen Aufgaben, wie etwa der Ernte, beteiligten sich unterschiedslos alle Brüder und Priester. Viele Briefe und Tagebuchaufzeichnungen aus dieser Zeit bezeugen eine starke Identifizierung der einzelnen Mönche mit der Gemeinschaft. Manche nannten sich voller Stolz *Josephiner*; sie waren aber auch glücklich, einem uralten, international verbreiteten Orden anzugehören. Ungeachtet mancher innerkirchlicher Auseinandersetzungen etwa um den von Papst Pius X. entschieden bekämpften, so genannten Modernismus fühlten sie sich der Kirche und dem Papst eng verbunden. Vor allem aber bewegte sie ein tiefer Glaube. „Christus, mein Leben", so hieß denn auch eine

Die 1909-1911 errichtete Südfassade, im Vordergrund der 1964 neu gestaltete Südwestturm

Sammlung von Texten des hl. Ambrosius, die Abt Raphael Molitor 1915 in Düsseldorf als Buch herausgab.

## Bauten

Die größte Sorge des Abtes war es, den immer zahlreicher werdenden Mönchen ein angemessenes Zuhause zu geben und den Ausbau des Klosters zu vollenden. Obwohl die Brüder in einem großen Schlafsaal schliefen und nur die Patres über eigene Zellen verfügten, müssen die Wohnverhältnisse im Kloster, das ja nur aus dem jetzigen Westflügel bestand, sehr beengt gewesen sein. Da es kein Refektorium gab, wurden die Mahlzeiten im entsprechend eingerichteten Kreuzgang eingenommen. Aber noch bevor mit dem Weiterbau begonnen werden konnte, mussten die Mönche erleben, das ein Brand des Dachstuhls am 17. Juni 1907 das Obergeschoss ihrer Abtei unbewohnbar machte. Danach regnete es drei Wochen lang, so dass die erhaltenen Gebäudeteile weiter litten. Nachdem der Schaden – mit finanzieller Hilfe der Benediktinerinnen von Maria Hamicolt – behoben war, begann am 19. April 1909 endlich der Bau des 60 m langen Südflügels. Er enthielt außer zahlreichen Zellen vor allem den schönen Kapitelsaal, das große Refektorium (25,80 m lang, 8,20 m breit, 5,90 m hoch), die Küche mit ihren Lagerräumen sowie die so genannte Abtskapelle, in der am 27. August 1911 erstmals die Messe gefeiert wurde. Bei dem Bau dieses Flügels hielt man sich ganz an die Pläne Rincklakes.

Unten:
Br. Radbod Commandeur, Relief (1920) über der früheren Klosterpforte im westlichen Kreuzgang: Der hl. Benedikt mit Rabe spendet dem hl. Maurus und einem zweiten Mönch den Reisesegen. Darunter in lateinischer Sprache: *Lenke du meine Schritte, Herr* (Ps 119, 133)

Noch fehlte dem Kloster die Möglichkeit, in angemessener Weise Gäste aufzunehmen. Immerhin zählte die Gastfreundschaft von Anfang an zu den markantesten Kennzeichen des Benediktinerordens. Nach Plänen von P. Ludger Rincklake entstand daher 1912 bis 1913 nordwestlich von der Abteikirche ein großes Gästehaus, das sich mit seinen Backsteinfassaden und Werksteinfassungen deutlich von der Abtei abhob. Ein Konferenzsaal eröffnete die Möglichkeit, in diesem Haus auch geistliche Tagungen durchzuführen. Zunächst jedoch wurde es als „Hotel Klosterhof" verpachtet.

Dann machte der Ausbruch des Ersten Weltkriegs 1914 weitere Baupläne unmöglich. Die unmittelbare Nachkriegszeit nutzte der Konvent, um 1920/21 die Kirche in einem historisierenden Stil ausmalen zu lassen. Zufrieden schilderte der Chronist das Ergebnis: *Den Hochaltar krönt wie früher das lebensgroße Beuroner Bild unseres Schutzherrn, des hl. Joseph.* Dieses Bild, ein Werk des Laacher Bruders Gottfried Westhoff, war Gerleve 1900 von Erzabt Placidus Wolter geschenkt worden. *In der Wölbung der Apside heben sich von dem mit stilisierten Ranken geschmückten*

Dominikus Zwernemann, Ludgerirastdenkmal (1934)

*blaugrünen Grunde neun weiße Lämmer und zwei Tauben wirkungsvoll ab. Auf erhabenem Altare thront das Lamm Gottes. Der Blutstrahl, der seiner Brust entspringt, teilt sich in vier Ströme, die nach beiden Seiten über eine grüne Weide fließen. Auf jeder Seite eilen vier Lämmer herbei, um sich an den Wassern des Heils zu erquicken. Zwei Tauben sind ihnen schon zuvorgekommen. Über der Apside stehen die Worte der Geheimen Offenbarung: „Agnus qui in medio throni est reget illos et deducet eos ad vitae fontes aquarum" – „Das Lamm, das in der Mitte des Thrones ist, regiert sie und führt sie zu Wasserquellen des Lebens". Auf den Stirnseiten des Chorbogens stehen, in gleicher Höhe mit den Engeln der Apsis die Statuen des hl. Vaters Benediktus und seiner hl. Schwester* Scholastika, *die früher auf zwei Seitenaltären standen... Die Schiffe der Kirche sind mit einfacher Flächenmalerei und leichter Ornamentik ausgestattet. Säulen, Pfeiler, Bogen und Rippen haben dunkle Steinfarbe erhalten. Im Mittel- und Querschiff*

Haus Ludgerirast, Ostfassade

*herrscht leuchtendes Gelb. Die Seitenschiffe mit blaugrünen Gewölben und grünen Wänden geben nach unten einen stimmungsvollen Abschluß.*

Die neue Ausmalung kam auch deshalb gut zur Geltung, weil die Abtei 1920 an das elektrische Stromnetz angeschlossen wurde. Die Kirchenbeleuchtung erfolgte durch Glühbirnen, die an den Schlusssteinen der Gewölbe angebracht waren. Der Strom brachte bedeutende Arbeitserleichterungen. 1921 schaffte die Abtei eine elektrisch betriebene Sägemaschine für die Schreinerei, die später – 1930 – erheblich erweitert wurde, an. Außerdem konnte sie jetzt in der ehemaligen Kapelle auf dem Wermelthof eine Wäscherei eröffnen. Weitergehende Pläne mussten zunächst unterbleiben, da die Inflation sowie die belgisch-französische Besetzung des nahen Ruhrgebiets 1923 bis 1925 für das Münsterland ungünstige wirtschaftliche Auswirkungen hatte. Der aus der Schweiz stammende, in einem amerikanischen Kloster lebende Benediktiner Lukas Etlin organisierte ein großes Hilfswerk, das in dieser Zeit auch Gerleve unterstützte.

Nach dem Tod des Pächters 1927 konnte der Konvent das Hotel in eigener Regie zu einem Exerzitienhaus umgestalten. Da sich die gesamtwirtschaftliche Situation gebessert hatte, gelang es 1928, den zu klein gewordenen „Klosterhof" durch einen nördlichen Anbau zu erweitern. Dadurch wurden zu den bisherigen 30 Zimmern etwa 25 hinzugewonnen. Außerdem richtete das Kloster dort ein einfaches Restaurant ein.

Der Aufgang zum Pfortenflügel

Aus dem Vortragssaal wurde eine Hauskapelle. Der „Klosterhof" erhielt nun den Namen „Ludgerirast". Damit erinnerten die Mönche an den ersten Bischof von Münster, der auf einer Reise von Coesfeld herkommend auf der Berghöhe oberhalb von Gerleve einen Schwächeanfall erlitt, das Münsterland segnete und dann mit letzter Kraft nach Billerbeck gelangte, wo er kurz darauf am 26. März 809 starb.

Kaum war diese Baumaßnahme vollendet, musste 1928 für die zunehmende Zahl von Jugendgruppen, die das Kloster besuchen wollten, ein Jugendhaus errichtet werden. Der Fachwerkbau des Münsteraner Architekten Kötter enthielt im Erdgeschoss auf engstem Raum Schlafräume für bis zu 40 Jugendliche und im Dachgeschoss einen Vortragsaal.

1929 führte die durch den New Yorker Börsenkrach ausgelöste Weltwirtschaftskrise erneut zu einer Periode ökonomischer Instabilität. Für die eher konservative Wirtschaftsführung eines Klosters war es schwer, schnell zu reagieren. Zunächst mussten alle weiteren Neubaupläne auf Eis gelegt werden. Erst Anfang der Dreißiger Jahre gelang es durch die Aufnahme von Krediten, den Ausbau des Klosters erneut in Angriff zu nehmen.

Um weiteren Raum für Klosterzellen zu schaffen, hätte es eigentlich nahegelegen, den Entwurf Rincklakes zu vollenden und endlich den noch fehlenden Ostflügel zu errichten. Der Architekt war jedoch schon 1927 gestorben. Daher fühlte sich der Konvent

Blick von Südwesten auf den Pfortenflügel, die Kirchtürme und das Kloster

frei, architektonisch neue Wege einzuschlagen. Er beauftragte den Vater von P. Lukas Kunz, den Essener Architekten Johannes Kunz, mit dem Bau eines Pfortenflügels, der im rechten Winkel südwestlich an den Westflügel angesetzt wurde. Das 1932 fertiggestellte Gebäude aus Ibbenbürener Bruchstein unterschied sich durch seine modernen Formen deutlich vom wilhelminischen Stil des Klosters. Rechts und links vom markanten, ellipsenförmigen Portalbogen fanden lebensgroße Statuen der Apostel Petrus und Johannes aus der Werkstatt des Münsteraner Professors Franz Guntermann ihren Platz. Nach Ansicht von Abt Raphael Molitor wiesen sie darauf hin, dass im Kloster nichts anderes als der apostolische Glaube gelehrt würde. Petrus stand für die aktive Verkündigung, Johannes für die mystische Schau.

Der Neubau enthielt außer den Sprechzimmern neue Mönchszellen und Gemeinschaftsräume. Damit stand für den Konvent ausreichend Wohnraum zur Verfügung. Die Zellen der Mönche waren äußerst bescheiden möbliert: ein Bett, ein Tisch, ein Stuhl, ein Schrank und natürlich ein Betschemel. Fliessendes Wasser gab es in diesen Räumen nicht.

## Der Erste Weltkrieg

Nicht nur in Bezug auf die Baugeschichte bedeutete der Ausbruch des Ersten Weltkriegs in den ersten Augusttagen 1914 für Gerleve eine schwere Belastung. Schon bald wurden neun Brüder eingezogen, von denen aber zwei nach kurzer Zeit in das Kloster zurückkehren durften. Weitere Einberufungen folgten. Insgesamt mussten 28 Mönche an die Front. Fünf von ihnen fielen: Gottfried Kuhlmann, Wigbert Hättig, Gerold Lüttmer, Otto Hunzelmann und Balthasar Kurz. Ende November 1914 wurde P. Gerhard Oesterle als Divisionspfarrer bei der Gardekavallerie an die West- und später dann an die Ostfront geschickt. So musste sich die kleiner gewordene Gemeinschaft die anstehenden Arbeiten, insbesondere bei der Ernte, teilen und im Herbst 1915 vorübergehend sogar zusätzliche Kräfte einstellen. Anfang 1916 kamen fünf französische Kriegsgefangene hinzu, die in einer nahegelegenen Gastwirtschaft untergebracht waren. Im November 1918 arbeiteten noch vier gefangene Franzosen und ein Engländer in Gerleve. Die Chronik vermerkte dazu: *Wir konnten mit ihrer Aufführung und ihren Leistungen im allgemeinen zufrieden sein. Auch sie gaben beim Abschiede ihrer Zufriedenheit und ihrem Dank für die im Kloster erfahrene Behandlung mündlich und brieflich lebhaften Ausdruck.* Erfreulicherweise gelang es schon im März 1915, den kriegsgefangenen französischen Benediktinerpater Louis Gougaud aus der Inhaftierung zu befreien und für ein Jahr nach Gerleve zu holen. Anschließend ging er als Seelsorger für französische Kriegsgefangene in ein Lager.

Eduard Fischer, Gedenktafel für die im Ersten Weltkrieg gefallenen Mönche (Holz, 1919)

Am 8. September 1914 trafen zehn deutsche Benediktiner ein, die aus ihren belgischen Klöstern Sint Andries bei Brügge und Maredsous vertrieben worden waren. Abt Molitor bot der Militärbehörde an, in Gerleve ein Lazarett einzurichten. Davon wurde jedoch kein Gebrauch gemacht. Statt dessen fanden im Kloster Exerzitien für Rekruten statt. 1914 nahmen daran 82 Soldaten teil. Unglückliche Nachrichten kamen von den Front: Einige Mitbrüder erlitten schwere Verletzungen.

Im Kloster konnte das monastische Leben ungeschmälert aufrecht erhalten werden. Nur die schlechtere Ernährung führte dazu, dass bereits in der Fastenzeit 1915 Erleichterungen gewährt wurden. Im gleichen Jahr wurde staatlicherseits die Sommerzeit eingeführt. Auch die Gerlever Mönche stellten am 1. Mai 1916 die Uhren um eine Stunde vor, änderten aber ihren Tagesablauf so, dass er der natürlichen Sonnenzeit folgte. Ebenfalls 1915 mussten die Öffnungszeiten der Klosterpforte und die verfügbaren Gästezimmer wegen Personalmangel reduziert werden. Für die bis dahin von Brüdern verrichtete Küchenarbeit stellte die Abtei 1916 Ordensschwestern an, für die ein eigener Klausurbereich geschaffen wurde. Drei Jahre lang kochten sie für den Konvent, bis der Krieg zu Ende war. 1917 musste Gerleve zwei seiner Glocken abgeben. Anfang 1919 kamen für einige Zeit noch einige aus Deutschland stammende Mitbrüder aus dem englischen

Kloster Erdington nach Gerleve, wo sie blieben, bis sie 1922 eine neue Heimat in der alten schwäbischen Abtei Weingarten gefunden hatten. Zum Kriegsende notierte der Chronist lakonisch: *So schmerzlich uns der unglückliche Ausgang des Krieges betroffen hat – das eine Gute hat er gebracht, daß unsere langentbehrten Mitbrüder aus dem Felde zu uns heimkehren durften.* Die Einführung der Republik kommentierte er nicht. Dennoch darf als sicher gelten, dass es vielen Mönche und auch Abt Molitor schwer fiel, sich mit der neuen Staatsform anzufreunden. Der Kulturkampf lag weit zurück. Unter dem seit 1888 regierenden Kaiser Wilhelm II. hatte sich das Verhältnis zwischen Kirche und Staat gut entwickelt. Der Kaiser galt als besonderer Freund des Benediktinerordens im allgemeinen und der Beuroner Kongregation im besonderen. Mehrfach hatte er Maria Laach besucht.

1941 berichtete Abt Molitor einigen Mönchen, dass Gerleve damals von monarchistischen Kreisen beinahe in eine Affäre gezogen worden wäre: *1919 wollte die Entente den Kaiser Wilhelm II. aus Holland nach Paris holen durch einen Offiziers-Stosstrupp und dort aburteilen als Kriegsverbrecher. Dagegen wurde geheim beschlossen, durch einen deutschen Offizierstrupp den Kaiser zu befreien und in Deutschland zu verstecken. Man dachte zuerst an Maria Laach, aber das wäre zu weit und zu bekannt gewesen. Also dachte man an Gerleve. Der Adjutant des Kaisers verhandelte geheim mit Abt Raphael, wenn es ernst würde, käme der Kaiser nur mit einem Leibdiener per Auto bis Ludgerirast und sollte dann durch den Nordwald still im Kloster verschwinden. Der Konvent würde verpflichtet zu schweigen. Der Kaiser solle auf dem Bischofszimmer wohnen, der Diener auf dem 1. Zimmer im Weststock II (Kreuzweggang). Niemand sollte erfahren, dass der Kaiser in Gerleve sei, weil sicher nach ihm gesucht würde*[1]. Glücklicherweise wurde dieser Plan – wenn er überhaupt ernsthaft erwogen wurde – nie ausgeführt, und Wilhelm II. blieb bis zu seinem Tod 1941 im niederländischen Doorn, wohin er nach seiner Abdankung gegangen war.

## Neuordnung der Besitzverhältnisse nach dem Ersten Weltkrieg

Da es das preußische Recht auch nach dem Ende des Kulturkampfs den Klöstern überaus schwer machte, sich eine staatlich anerkannte Rechtsform zu geben, konnte der Konvent zunächst nicht als Eigentümer Gerleves auftreten. Nach dem Vorbild anderer Ordenshäuser suchte die junge Kommunität also eine zuverlässige Persönlichkeit, auf deren Namen der Besitz im Grundbuch eingetragen werden konnte. Man fand sie schon 1899 in Clemens Heidenreich Graf Droste zu Vischering-Erbdroste aus Darfeld. Bis 1850 war der Hof Gerleve dessen Familie gegenüber zu verschiedenen Abgaben verpflichtet gewesen. Der Erbdroste entsann sich dieser alten Beziehungen, und so erfolgte am 24. Februar 1900 vor dem Amtsgericht in Coesfeld die Auflassung des Wermelthofes

1 P. Placidus Schornstein, Erinnerungen, verfasst nach 1945 (Abteiarchiv Gerleve).

auf den Namen des Grafen. Droste-Vischering versah dann seinerseits den Superior von St. Joseph mit einer Generalvollmacht und erklärte in einem notariellen Revers, dass er selbst das Gut nur zugunsten der Benediktiner von Beuron erworben habe und diesen für die Zeit ihres Dortseins das ungeschmälerte Nutz- und Wohnrecht zustehe.
Erst nach dem Zusammenbruch des Kaiserreichs und der politischen Neuordnung in der Weimarer Republik lockerten sich die Bestimmungen. Die Ordensgemeinschaften und Klöster waren nun frei, sich eine geeignete Rechtsform zu wählen. In Gerleve konstituierte sich daher 1921 die „Deutsche Kulturgesellschaft Kolonat Gerleve (Benediktiner-Abtei und Kloster)“ GmbH, der Graf Droste zu Vischering-Erbdroste alle Vermögenstitel übergab. Als *Gegenstand des Unternehmens* gab der *Gesellschaftsvertrag* an die *Förderung von Kunst, Wissenschaft und Religion im Sinne deutscher Kultur, Unterstützung dahinzielender strebsamer Kräfte, insbesondere durch Förderung unbemittelter talentvoller Deutscher, Erwerb, Ausbeutung oder Überlassung geeigneter Mittel.* Die umständliche Formulierung diente offensichtlich dazu, den Anforderungen des damals geltenden bürgerlichen Rechts zweifelsfrei zu entsprechen.
Gleichzeitig entstand 1921 der „Vereinigung der Benediktiner zu St. Josef in Billerbeck e.V.“, dem alle Gerlever Professmönche angehörten. Dieser Verein bezweckte *die Bildung von Persönlichkeiten in- und außerhalb des Vereins im Sinne eines fortgeschrittenen christlichen Lebensideales durch Förderung von Kunst, Wissenschaft und Religion, durch persönliche Ausübung, Unterstützung strebsamer Kräfte, Erwerb geeigneter Mittel.* Warum in Gerleve nicht wie in den meisten anderen Klöstern nur ein Verein, sondern auch eine GmbH gegründet wurde, ist nicht mehr zu klären. Hauptaufgabe der GmbH sollte die Verwaltung des Grundbesitzes sein, der sich auf mittlerweile 55 Hektar und 3515 $m^2$ belief. Möglicherweise glaubte man, Immobiliengeschäfte mit einer GmbH leichter abwickeln zu können. Vor allem aber hoffte Abt Raphael Molitor, eine GmbH gewähre *relative Sicherheit im Falle eines neuen Kulturkampfes*[1]. Über den Verein wollte man die laufenden Geschäfte erledigen.
Schon bei ihrer Gründung 1921 war die GmbH hoch verschuldet. Um den Ausbau des Gästehauses „Ludgerirast“ zu finanzieren, nahm die Abtei 1925 bei einer niederländischen Bank einen Kredit von 329 280 Mark auf – fast die Hälfte der Bilanzsumme der GmbH. Dies war nur durch die Unterstützung der Nottulner Firma Rhode möglich. Für die Errichtung des Jugendhauses 1928 erhielt die GmbH einen weiteren Kredit von der Landesbank, für landwirtschaftliche Bauten kam noch eine kleinere Regierungsanleihe hinzu. 1929 begann man, die Schulden in den Niederlanden abzutragen. Durch neue Devisenbestimmungen 1932 kamen diese Rückzahlungen jedoch ins Stocken. 1934 stiegen die Belastungen durch einen Kredit der österreichischen Frauenabtei St. Gabriel in Bertholdstein. Ohne mit der strengen und kirchenfeindlichen Devisenkontrolle der Nationalsozialisten in Konflikt zu geraten, gelang es schließlich 1935, die Schulden in den Niederlanden vollständig zu tilgen. Besonders erfreulich war, dass die Rückzah-

1 Archiv des Gerlever Cellerariats.

lung innerhalb des vereinbarten Rahmens von zehn Jahren erfolgte. In den folgenden Jahren bemühte man sich, sehr allmählich auch die Schulden bei der Landesbank und der Regierung abzutragen.

## Gottesdienst und Musik

Die ureigenste Aufgabe eines Benediktinerklosters ist die Feier des Gottesdienstes. Im Mittelalter hieß es, dieser Orden sei *propter chorum fundatum*, also *wegen des Chorgebets gegründet*. Der hl. Benedikt schreibt in seiner Regel, die Mönche sollten dem Gottesdienst nichts vorziehen. So legten auch die Gerlever Benediktiner von Anfang an großen Wert auf die Feier der Liturgie. Gregorianischer Choral begleitete ihr Stundengebet und die Konventsmesse. Zusätzlich feierte jeder Priester täglich eine „Privatmesse". Raum für Kreativität bestand kaum. Der Ablauf war nicht nur durch das römische Messbuch und das monastische Stundenbuch, sondern vor allem durch das 1895 erschienene „Rituale monasticum" und das „Caeremoniale monasticum" (1908) der Beuroner Kongregation bis ins letzte Detail geregelt. Großen Wert legte man auf die Verwendung künstlerisch gestalteter liturgischer Geräte und Gewänder. Zu den herausragenden Ereignissen gehörten die Pontifikalgottesdienste, bei denen der Abt außer seinem Ring und dem Pektorale auch Pontifikalschuhe und -handschuhe sowie Mitra und Stab trug. Bei solch feierlichen Gelegenheiten zog der gesamte Konvent vor dem Gottesdienst in einer Prozession zum Zimmer des Abtes, um ihn dort abzuholen. Prozessionen erfreuten sich großer Beliebtheit. Die Fronleichnamsprozession fand jedes Jahr unter starker Anteilnahme der Bevölkerung statt. Seit 1910 führte man am 3. Juli, dem Fest des Kostbaren Blutes, eine Prozession mit der Kreuzreliquie durch, die später jedoch wieder aufgegeben wurde.

Ein Herzensanliegen Abt Raphael Molitors war die Kirchenmusik. Dabei beließ er es nicht nur bei theoretischen Studien. Neben der Pflege des gregorianischen Chorals nach klassischen Vorbildern förderte er auch das Orgelspiel. Seinem Bemühen verdankt das Kloster die 1912 von Späth aus dem württembergischen Ennetach-Mengen mit 25 Registern gebaute Orgel. Die Beuroner Patres Gregor Molitor, der ältere Bruder Abt Raphaels, und Suitbert Krämer hatten ihre Disposition aufgestellt. Die Manualregister befanden sich mit Ausnahme von Prinzipal, Prästant und Quint in einem Schwellkasten. Die Intonation war durch Josef König aus dem ehemaligen Hause Cavallé-Coll ausgeführt worden. Abt Raphael liebte es, gelegentlich selbst an der Orgel zu sitzen.

1903 initiierte Papst Pius X. eine umfassende Erneuerung der Kirchenmusik. Vor allem wünschte er die Beteiligung der Gläubigen am liturgischen Gesang zu stärken. Dieses Anliegen wurde später von Pius XI. in seiner Apostolischen Konstitution über Liturgie und liturgischen Gesang, von Pius XII. in seiner Liturgie-Enzyklika 1947 und vom

Zweiten Vatikanischen Konzil aufgegriffen. Pius X. beteiligte Abt Raphael Molitor an dieser Erneuerungsarbeit. Er ernannte ihn zum Konsultor der Kommission für die Reform der Choralbücher. In dieser Funktion wirkte Molitor an der Herausgabe der „Editio Vaticana" des „Graduale Romanum" (1908) mit.

Kaum war dieses Buch mit den nun offiziellen lateinischen Messgesängen erschienen, begann der von 1906 bis 1912 nach Gerleve geschickte Beuroner P. Fidelis Böser mit Kursen zur Einführung in diesen Choral. Diese Aufgabe führte ihn unter anderem nach Bochum, Dortmund und Xanten, nach Vechta und Paderborn und sogar nach Erfurt. Inzwischen ließ Abt Raphael junge Gerlever Mönche in Kirchenmusik ausbilden. P. Lukas Kunz studierte in Münster Musikwissenschaft. Das führte rasch zum Erfolg. Seit 1925 wirkten Gerlever Mönche als Lehrer für Kirchenmusik an der neu errichteten Abteilung für Kirchenmusik am kurz zuvor städtisch gewordenen Konservatorium in Dortmund, seit 1934 ebenso an der Folkwangschule in Essen. Abgesehen von der Unterbrechung im Krieg, wurde die Lehrtätigkeit bis 1949 fortgesetzt. Daran beteiligte sich auch P. Notker Kamber, der vor seinem Eintritt in Gerleve Domkapellmeister in Solothurn gewesen war.

Die Synode des Bistums Münster empfahl den Gemeinden 1924 *die eifrige Pflege des gregorianischen Choralgesanges als des eigentlichen offiziellen Gesanges der Kirche. Die Pfarrer sollen vor allem die Kirchenchöre dazu aneifern. Durch vorbildliche Ausführung des Choralgesanges suche man den Chören und dem Volk zum Bewußtsein zu bringen, daß der Gottesdienst nichts von seiner Pracht verliert, wenn sich ihm einzig und allein diese Musikgattung gesellt. Dem Wunsche Pius X. entsprechend soll man eine größere Beteiligung des Volkes (zunächst der Schulkinder) am Choralgesange anstreben (Antworten der hl. Messe, leichtere Ordinarien, Requiem, Te Deum usw.)*[1] Solche Worte mussten in Gerleve als Anerkennung der bisherigen Bemühungen und Ansporn zu noch größerem Eifer gelten.

In der Abtei fanden deshalb häufig Choralfachwochen für Chorleiter statt, an denen mehrere Patres als Lehrer mitwirkten. Schulungen und Einkehrtage für Kirchenchöre waren zu jeder Zeit gefragt. Für Kirchensänger gab Gerleve seit 1930 eine eigene Zeitschrift mit dem Titel „Liturgie und Kirchenmusik" heraus. P. Fidelis Böser publizierte eine Studie zum „Rhythmus des Gregorianischen Chorals". Vom ersten Gerlever Organisten P. Bonifatius Gatterdam erschien 1929 eine „kleine Schule der Choralbegleitung" sowie 1930 eine „Einführung in den Choral". Seit Mitte der zwanziger Jahre stieg die Bekanntschaft von P. Gregor Schwake. Er stammte aus Emmerich und kam 1911 nach Gerleve, wo er 1917 zum Priester geweiht wurde. Als Organist und Musikpädagoge stellte er sein Leben in den Dienst der Liturgie und Kirchenmusik. Seine 1925 initiierten „Volkswochen für Liturgie und Kirchengesang" förderten in den Gemeinden nicht bloß den Choralgesang, sondern außerdem das Orgelspiel, den mehrstimmigen liturgischen Gesang und das deutsche Kirchenlied. Es gelang ihm, Pfarrgemeinden,

1 Diözesansynode des Bistums Münster 1924, Münster (1924), S. 122 (=Statuta synodalia, Nr. 238).

aber auch die gelegentlich mehrere Tausend Teilnehmer von Festgottesdiensten in kürzester Zeit zum Singen einer Choralmesse zu befähigen. Das von ihm 1929 redigierte „Zehnpfennigbüchlein": „Volkshochamt in grundlegender liturgischer Form. Eine Beilage zu jedem Volks-Messbuch" erzielte eine Auflage von einer Million Exemplare. Nach P. Schwake handelte es sich um *einen Katechismus des Gemeinschaftshochamtes; darin Choralmelodien, nicht zu einfach, nicht zu schwer, die in einer Woche fest einzuüben waren*[1].

Ebenso ernst wie die kirchenmusikalischen Schulungen nahmen die Gerlever Mönche die Vorträge, Bildungskurse und Exerzitien zur Liturgie. Den Auftakt setzte der liebenswürdige Prior Albert Hammenstede aus Maria Laach, als er den Gerlever Mönchen 1918 einige *liturgische Konferenzen* hielt. Ein Jahr später veröffentlichte er sein begeistert aufgenommenes Büchlein über „die Liturgie als Erlebnis". In Gerleve fand Hammenstede sofort Resonanz: Die Klosterchronik des Jahres 1919 berichtet: *Um die Liebe zur hl. Liturgie auch nach außen hin zu verbreiten, hielt ... P. Prior Chrysostomus Panfoeder mehrere liturgische Vorträge: in Münster vor der freien Vereinigung katholischer Akademiker, in Hagen drei Tage lang vor dem Verein katholischer Akademiker zur Pflege der katholischen Weltanschauung, in Dortmund an acht Tagen vor dem katholischen Frauenbund.* Trotz der Not der Zeiten am Ende des Ersten Weltkriegs setzte Prior Panfoeder seine Vortragstätigkeit mit Erfolg auch in Gerleve fort und führte Vereine und Schulklassen, wie die Chronik mit Benutzung des Titels von Romano Guardinis 1918 erschienenen Werkes 1919 berichtete, *in den Geist der Liturgie* ein. In der *von der Abtei St. Joseph bei Coesfeld in Westfalen* im Mainzer Grünewald-Verlag herausgegebenen Reihe „Liturgia. Eine Einführung in die Liturgie durch Einzeldarstellungen" veröffentlichte er zwischen 1924 und 1931 mehrere kleine Schriften. Früh beteiligten sich auch Abt Raphael Molitor – 1920 sogar in Zusammenarbeit mit dem bedeutenden Laacher Liturgiewissenschaftler P. Kunibert Mohlberg – und P. Romuald Peffer an der liturgischen Bildungsarbeit, später auch P. Petrus Siffrin. Um die jungen Patres auf Predigten und Exerzitien zu liturgischen Fragen vorzubereiten, organisierte Abt Raphael Molitor im Januar 1924 einen mehrwöchigen Kurs, in dem er selbst, Subprior Kallistus Kohler und zuletzt Prof. Adolf Donders, ein guter Freund der Abtei, Vorträge hielten. Schon in der Karwoche konnten die jungen Mönche ihr neu erworbenes Wissen einsetzen und hielten für die zahlreichen Gäste des Klosters, unter denen sich viele Studenten und Angehörige des Jugendbundes „Quickborn" befanden, Einführungen in die Gottesdienste. Im gleichen Jahr beteiligte sich die Abtei an der Münsteraner Diözesansynode mit einem liturgischen Referat. Die Synode stellte auch für Gerleve bedeutsame Forderungen: *Unser christliches Volk, aus dessen Schoß so mancher schöne religiöse Brauch hervorging, bringt erfahrungsgemäß der kirchlichen Liturgie Verständnis und Vorliebe entgegen. Es müssen ihm aber, da ihm die Liturgie zum Teil fremd geworden ist, Sinn und Bedeutung wieder erschlossen werden.*

1 Gregor Schwake, Ich sang mit Hunderttausenden. Ein Bericht über dreißigjährige Arbeit, in: Theodor Bogler (Hrsg.), Kirchenmusik in der Gegenwart (=Liturgie und Mönchtum. Laacher Hefte, 3. Folge, 18) Maria Laach 1956, S. 77-87, hier S. 78.

Die Synodenväter setzten große Hoffnungen in dieses Projekt: *Geschieht dies und wird der Gottesdienst in möglichst feierlicher Form gehalten, so wird das Volk umso lieber daran teilnehmen, als ihm hier die Möglichkeit geboten ist, nach harter Wochenarbeit in edelster Form seelische Bedürfnisse zu befriedigen. Dadurch wird der Gottesdienst zu einer gemeindebildenden Kraft*[1]. In den folgenden Jahren wurde diese Arbeit in Gerleve weiter intensiviert. Wie die Abteien Beuron im Südwesten, Maria Laach im Rheinland und Grüssau in Schlesien verbreitete Gerleve so im Nordwesten Deutschlands wichtige Anliegen der Liturgischen Bewegung.

Allerdings zählte Gerleve in der Liturgischen Bewegung nicht zur Avantgarde. Abt Raphael Molitor verstand es, den Konvent aus den Streitigkeiten herauszuhalten. Die Mysterientheologie des Laacher Paters Odo Casel beurteilte er kritisch. Lieber verfassten die Gerlever Mönche knochentrockene wissenschaftliche Forschungen zur Geschichte und Theologie der Liturgie oder erstellten Bücher für die Praxis wie etwa die von P. Matthias Breitbach veröffentlichten gottesdienstlichen „Eigenfeiern der Bistums Münster“ mit einer deutschen Übersetzung, die 1937 in dritter Auflage erschienen.

Anfang der zwanziger Jahre kam die sogenannte Gemeinschaftsmesse auf, in der die anwesenden Gläubigen auf die Gebete der Priester antworteten, was bis dahin unüblich war. Gerlever und Laacher Mönche unterstützten den Mülheimer Pfarrer Konrad Jakobs, einen bedeutenden Großstadtseelsorger. Jakobs vertrat die Ansicht: *Zu geben hat die Benediktinerabtei auch einer großen Stadtgemeinde vieles, den Hirten und der Herde. Gottesdienst, Christusleben, Gemeinschaft: das sind große Beispiele*[2]. So lud Jakobs im Oktober 1924 den Gerlever P. Willibrord Bungard zu einer liturgischen Woche nach St. Marien ein. Im folgenden Jahr führte der Pfarrer in der gut vorbereiteten Gemeinde dann die Gemeinschaftsmesse ein. 1928/29 errichtete Jakobs die Pfarrkirche St. Mariä Geburt, deren Architektur die Anliegen der Liturgischen Bewegung in vorbildlicher Weise aufnahm. Für den Entwurf der Taufkapelle gewann der Pfarrer 1936 Dominikus Böhm. Die Gerlever Chronik erwähnt eine Gemeinschaftsmesse erstmals 1927. P. Ambrosius Grönewäller feierte sie allerdings nicht in Gerleve, sondern mit über hundert Jugendlichen in Münster. Ab 1934 zelebrierte er in der Abteikirche auch die Messen für die kleine Schule der Bauerschaft Gerleve regelmäßig in der neuen Form. Ein Jahr später berichtete die Chronik voller Stolz: *Überhaupt feiern wir jetzt fast jeden Sonntag eine Gemeinschaftsmesse, an der sich die Nachbarn gern beteiligen; und einmal im Monat ist sogenannte Familienkommunion, die die Familien möglichst geschlossen zum Tisch des Herrn führt.*

Zur Verbreitung ihrer kirchenmusikalischen und liturgischen Anliegen gab die Abtei Gerleve seit 1930 die Zeitschrift „Liturgie und Kirchenmusik“ heraus, die es auf zehn Jahrgänge und weit über 1000 Abonnenten brachte, bis sie 1939 der Pressepolitik des NS-Regimes zum Opfer fiel.

1 Diözesansynode (wie S. 40, Anm. 1), S. 121 (=Statuta synodalia, Nr. 230).

2 Jürgen Bärsch, Pastor Konrad Jakobs (1874-1931). Seelsorge aus dem Geist der Liturgie, in: Alfred Pothmann - Reimund Haas (Hrsg.), Christen an der Ruhr, 1, Bottrop u.a. 1998, S. 150/64, hier S. 161. Nach Bärsch formulierte Jakobs so *rückblickend auf Maria Laach*. Anders Maria Victoria Hopmann, Pastor Jakobs, Freiburg/B. 1955, S. 70: *Diese Worte schrieb er nach einem Besuch der Abtei St. Josef.*

## Seelsorge

Von Anfang an legte Gerleve Wert darauf, nicht in Konkurrenz zu den umliegenden Pfarreien zu treten. So wurde die Abteikirche weder zu einer Taufkirche – sie besitzt nicht einmal einen Taufbrunnen – noch zu einer Hochzeitskirche. In den Sonntagsgottesdiensten wurde nicht gepredigt. Dennoch beteiligten sich die Mönche über ihr Lebenszeugnis hinaus am Verkündigungs- und Seelsorgsauftrag der Kirche. In den Beichtstühlen der Abteikirche spendeten sie das damals häufig gesuchte Sakrament der Versöhnung. Nach dem Ersten Weltkrieg stieg das Interesse an Exerzitienkursen. Aber erst nachdem 1925 im Hotel „Klosterhof" die Zahl der Betten von 10 auf 41 erhöht worden war, konnte der Konvent regelmäßige Kurse anbieten. Für die Gäste und Einzelbesucher gaben Mönche zusätzlich seit jenem Jahr an allen kirchlichen Feiertagen in öffentlichen Vorträgen Einführungen in die Liturgie. Um die Kursarbeit kümmerte sich besonders der Bruder des Abtes, P. Heinrich Molitor. An einem Exerzitienkurs, den vermutlich P. Laurentius Rensing leitete, nahm im September 1931 auch der 16 Jahre alte Karl Leisner aus Kleve teil. Der stark von Guardini geprägte Stil des Exerzitienmeisters beeindruckte den nachdenklichen Gymnasiasten sehr. Als Theologiestudent wurde er 1939 von der Gestapo verhaftet und 1944 im KZ Dachau zum Priester geweiht. Er starb am 12. August 1946 an den Folgen des KZ-Aufenthalts. 1996 sprach ihn Papst Johannes Paul II. selig.

Die Gerlever Mönche übernahmen auch viele Veranstaltungen außerhalb ihres Klosters. Neben die Aushilfe in benachbarten Pfarreien traten Exerzitienkurse für andere Klöster und Vorträge für Gemeinden und kirchliche Vereine. Gerlever Patres wurden überdies für viele Menschen in Gesprächen und Briefen zu Wegbegleitern in manchmal auch kritischen Lebenssituationen. Zu denen, die bei den Patres offene Ohren fanden, zählte auch die Münsteraner Dozentin Edith Stein. Erst als Erwachsene hatte sie 1922 die Taufe empfangen. 1933 trat sie in den Kölner Karmel ein. Von den Nationalsozialisten wegen ihrer jüdischen Herkunft in Auschwitz ermordet, wurde sie 1998 von Papst Johannes Paul II. heiliggesprochen.

Im Dienst der Seelsorge stand auch der 1928 gegründete „Jungmännerbund St. Benedikt" für Männer zwischen 16 und 30 Jahren. In seiner Satzung hieß es: *Der Jungmännerbund „St. Benedikt" zu Gerleve will, entsprechend der Aufgabe des katholischen Jungmännerverbandes (Düsseldorf), den „katholischen Menschen" schaffen nach dem Vorbild und unter dem Schutze des hl. Vaters Benediktus in engem Anschluß an das religiöse Leben der Benediktinerabtei St. Joseph in Gerleve bei Coesfeld.* Gleich zu Beginn traten dem Bund 42 junge Leute bei. Nach dem Zweiten Weltkrieg wurde der Bund nicht wiederbelebt.

Abt Raphael Molitor nutzte die modernen Kommunikationsmittel als Seelsorgsinstrument. Im Oktober 1931 beteiligte er sich an einer Besprechung zum Thema Kirche und

Eduard Fischer, Mariensäule (1909 von Joseph Hötte gestiftet)

Kelch und Patene, vergoldet, Halbedelsteine. Die Emailmedaillons im Fuß zeigen Szenen aus dem Leben Jesu, hier das letzte Abendmahl. Die Inschrift unter dem Fuß gibt an, dass der Kelch anlässlich der Erhebung des Klosters zur Abtei am 10. Juni 1904 von Emilie und Joseph Hötte gestiftet wurde.

Rundfunk in Köln. Im Sommer 1932 sprach er dann an einem Sonntagmorgen in der katholischen Morgenfeier des Westdeutschen Rundfunks live über *das Gedächtnis der Erlösung*. Zugleich kam der vom Kölner Rundfunkpfarrer Bernhard Marschall geförderte Plan zu einer Übertragung aus Gerleve auf. Sie erfolgte am Liudgerusfest, dem 26. März 1933. Der Chronist war zufrieden: *Zunächst konnten wir erfahren, wie unendlich viele Vorbereitungen eine solche Funkstunde erfordert. Schon am Mittwoch abend kam Herr Prälat Marschall vom Westdeutschen Rundfunk (Köln) hier an. Die folgenden Tage, an denen noch Ingenieure aus Köln und Münster herüberkamen, wurden benutzt, den endgültigen Text festzulegen, die Sprecher einzuüben und vor allem zahlreiche Schallplatten aufzunehmen. Es wurden Platten hergestellt vom Choralgesang, Chor- und Tischgebet, Autohupen, Schmiedegeräuschen, Kuhgebrüll und anderem mehr, ein recht buntes Allerlei. Die Übertragung selbst, Sonntag abend von 18–19.10 Uhr, ging dann recht gut vonstatten, bis auf eine kleine Leitungsstörung gegen Ende, die leider die Übertragung einiger nicht unwichtiger Teile unmöglich machte.*

Eingang zum Refektorium. Die von Augustin Dierkes 1919 vollendete Eichentür zeigt Mönche bei verschiedenen Arbeiten und in lateinischer Sprache den Vers: *Wer nicht arbeiten will, soll auch nicht essen* (2 Thess 3, 10). Das Tympanon (1919) der Laacher Künstlermönche Aloys Gelsam und Radbod Commandeur stellt zwei Hirsche dar, die an einer Wasserquelle trinken, welche unter dem Kreuz als Lebensbaum entspringt (vgl. Ps 42, 2).

*Die Führung begann auf der Abtei, wo die Hörer in Wesensart und Verfassung eines Benediktinerklosters eingeführt wurden. Danach besuchte man eine Zelle. Die Hörer nahmen dann im Geiste teil am Chorgebet und dem Offizium der Brüder, während man sich inzwischen in die im Rekreationszimmer aufgestellte kleine Bibliothek begab. Hier wurde einiges über die Ausbildung des werdenden Mönches und über die Vielseitigkeit benediktinischer Forscherarbeit gesagt... Der Gang durchs Klaustrum zum Refektorium und Kapitelsaal wurde durch Übertragung der Klänge unserer Orgel belebt. Sehr schön kamen die auf Wachsplatten aufgenommenen Gesänge des Introitus Laetare, des 3. Kyrie und des 17. Sanctus heraus. Nach kurzer Begrüßung unserer* Schüler-Oblaten *mit ihrem hellen, fröhlichen Lachen ging man* zur Landwirtschaft *hinunter. Ein Gang durch die verschiedenen Betriebe vermittelte einen Eindruck von dem unentwegten Schaffen. Unsere modernen landwirtschaftlichen Einrichtungen fanden gebührende Würdigung. Der Schluß der Übertragung, der wieder zur Pforte zurückführen und bei dem manches über Pflege der Liturgie, über unser Exerzitienhaus und die Jugendherberge ausgeführt werden sollte, wurde leider durch die genannte Leitungsunterbrechung gestört.*

*Zahlreiche Zuschriften, die in den nächsten Tagen bei uns eintrafen, zeigten, einen wie starken Anklang diese erste Sendung aus unserer Abtei gefunden hatte. Unter den Zuschriften waren auch solche aus Schweden und Jugoslawien; somit können wir sagen, daß wir von Norden bis Süden einen weiten Umkreis umspannten. Die Kommunität konnte, soweit sie nicht mitwirken mußte, im Rekreationszimmer die Übertragung verfolgen.*

Julius Simmonds, Bildnis Joseph Hötte (1904). Im Hintergrund die Münsteraner Mariensäule.

## Kunst

Die arme Abtei war zunächst ganz auf die Unterstützung von Freunden angewiesen, als es darum ging, die neue und noch leere Kirche schöner zu gestalten. Zu den größten Wohltätern gehörte in diesem Bereich der Münsteraner Kunstmäzen Joseph Hötte. Dieser hatte seiner Heimatstadt 1899 eine der Münchener Mariensäule nachempfundene Mariensäule gestiftet, die an der Ludgerikirche einen würdigen Platz fand. 1909 schenkte Hötte auch der Abtei Gerleve, die ihm noch viele andere, zum Teil sehr wertvolle Sakralgegenstände verdankt, eine solche Säule für den Vorplatz der Kirche. Der Bildhauer Eduard Fischer gab ihr jedoch im Gegensatz zu ihrer Münsteraner Schwester eine entschieden modernere Form. Mit einer Höhe von 12,70 m kann sie sich neben den 42 m hohen Kirchtürmen gut behaupten. Fischer gestaltete, nachdem er 1922 nach Coesfeld gezogen war, noch einen Kreuzweg für die Abtei. 1945 wurde der Künstler ausgebombt und fand vorübergehend ein neues Zuhause in Gerleve. In der nördlichen Turmkapelle der Kirche existiert noch der 1911/12 von dem Professor für Exegese, Bernhard Schäfer, gestiftete Herz-Jesu-Altar. Es handelt sich um eines der letzten Werke des Osnabrücker Bildhauers Heinrich Seling, der dem Benediktinerorden freundschaftlich verbunden war.

Heinrich Seling, Herz-Jesu-Altar (1912) in der nördlichen Turmkapelle

Selbstverständlich wollten Abt Raphael Molitor und die Gerlever Mönche ihr Kloster so schön als möglich gestalten und ausstatten. Anders als im Bereich der Musik fehlten ihnen in diesem Bereich aber Kompetenz wie Mut. Obwohl sie in die künstlerische Gestaltung bald viel Kraft und auch Geld investierten, blieb das Ergebnis enttäuschend, und nur das wenigste davon überdauerte die Zeiten. All zu sehr nämlich waren die Mönche dem historisierenden Zeitgeschmack zunächst der wilhelminischen Ära, aber auch der konservativen Grundausrichtung so genannter christlicher Kunst verbunden. So gelang es nicht, über mehr oder weniger ordentliche Handwerksarbeiten hinaus zu kommen. Das betrifft in erster Linie die Ausmalungen der Kirche, des Refektoriums und des Kapitelsaals. Das meiste davon wurde nach dem Zweiten Weltkrieg vernichtet. Der 1923/25 entstandene Zyklus des Benediktslebens im Kapitelsaal zumindest ist ein schönes Beispiel für das Schaffen des Laacher Künstlermönches Laurentius Görtz.

Gerleve selbst hat keinen bekannten Künstler hervorgebracht. Immerhin sandte Abt Molitor P. Rhabanus Kalt 1914 nach Maria Laach, um sich im Modellieren fortzubilden, und dann mitten im Ersten Weltkrieg 1916 nach München, wo er Kunst studieren sollte. Allerdings war die vorgesehene Zeit – *einige Wochen* im Hochsommer – keineswegs ausreichend. In jungen Jahren hatte sich P. Rhabanus als Schüler der Beuroner Künstlerschule an der Ausmalung der Beuroner Gnadenkapelle sowie an der Gestaltung

Br. Dominikus Zwernemann, Lebensgroße Holzskulptur des hl. Joseph (1933) im südwestlichen Treppenhaus. Dem Zimmermann mit dem segnenden Jesusknaben bringen zwei kniende Mönche ein Modell der Abtei Gerleve dar.

der Krypta und der Toretta auf dem Montecassino beteiligt.

Auch Br. Dominikus Zwernemann wurde 1926 für drei Jahre nach Maria Laach geschickt. Dort lernte er das Schnitzhandwerk. In Gerleve konnte er seine künstlerischen Entwürfe später im eigenen Atelier realisieren. So verdankte ihm das Kloster 1933 eine Statue des hl. Joseph, dem knieende Mönche ein Modell der Abtei Gerleve darbringen. Auch der 1934 umgesetzte Entwurf für das Ludgerirastdenkmal oberhalb des Klosters stammt von Br. Dominikus. 1936 besuchte er ein halbes Jahr lang die Kunstwerkstätten der damals mit Gerleve befreundeten fränkischen Missionsbenediktinerabtei Münsterschwarzach. Dort konnte er bei Br. Maurus Kraus studieren, der vor seinem Klostereintritt 1930 als Bildhauer in München sehr erfolgreich gewesen war. Schließlich öffnete sich der Gerlever Konvent auch einer wirklich modernen Technik und ermöglichte Br. Wigbert Bauer Anfang der dreißiger Jahre in Maria Laach eine Ausbildung in der *Kunst-Lichtbildnerei.*

Das Kunstinteresse Abt Molitors fand seine größte Anerkennung, als die Münsteraner St. Lukas-Gemeinschaft und die Gesellschaft für Christliche Kunst 1930 in der Abtei eine Tagung veranstalteten, die 32 westfälische Künstler und einige Theologen zusammenführte. Abt Molitor hielt die vieldiskutierten Hauptreferate zum Thema „Kunst und Liturgie". Die Bedeutung der Aussprachen wurde in Gerleve jedoch weit überschätzt,

Der von P. Laurentius Görtz 1923/25 ausgemalte Kapitelsaal. Über dem Abtsthron das 1899 aus Beuron mitgebrachte Gründungskreuz

Szene aus dem Benediktsleben im Kapitelsaal: Der hl. Benedikt empfängt das Mönchsgewand (Foto: P. Bartholomäus Denz).

denn als im Folgejahr erneut eine solche Tagung im Kloster stattfand, kamen nur noch 17 Künstler. 1933 leitete die Veranstaltung nicht mehr der Abt, sondern P. Leo von Rudloff.

## Wissenschaft

Wissenschaftliches Studium – vor allem in den Bereichen Theologie und Geschichte – hat im Benediktinerorden eine lange Tradition. Grundsätzlich galt es mit den sonstigen Anforderungen eines Mönchslebens als gut vereinbar. Abt Raphael Molitor blieb es versagt, an einer staatlichen Universität zu studieren und zu promovieren. Dennoch gelang es ihm neben seinem Abtsamt, wichtige Forschungen aus dem Bereich des Ordensrechts und der Geschichte der Benediktiner zu verfassen und zu publizieren. Sein 1928/33 in drei Bänden erschienenes Hauptwerk: „Aus der Rechtsgeschichte benediktinischer Verbände" gilt noch immer als Standardwerk. Die Katholisch-Theologische Fakultät Münster verlieh ihm in Anerkennung seiner Verdienste 1931 das Ehrendoktorat.
Er selbst öffnete vielen Mitbrüdern die Tür zu Hochschulstudien, manchem auch zur Promotion und noch weitergehenden wissenschaftlichen Arbeiten. P. Lukas Kunz studierte in Münster, P. Hieronymus Engberding promovierte 1931 in Bonn. Besonders stark engagierte sich Gerleve an der römischen Benediktinerhochschule S. Anselmo. Dort residierte der Abt-Primas des Ordens, Fidelis von Stotzingen. Abt Raphael war dem nur zwei Jahre Älteren aus ihrer gemeinsamen Zeit in Beuron eng verbunden. So unterstützte er ihn großzügig, wenn es um Fragen der benediktinischen Konföderation oder um S. Anselmo ging und sandte zahlreiche Gerlever Mönche als Studenten oder Professoren nach Rom. P. Gerhard Oesterle übernahm dort 1921 bis 1959 die Vorlesungen im Kirchenrecht, P. Matthäus Rothenhäusler lehrte 1924 bis 1949 Kirchengeschichte und Patristik und P. Anselm Stolz 1928 bis zu seinem frühen Tod 1942 Dogmatik. 1929 bis 1949 kam noch der Liturgiewissenschaftler P. Philipp Oppenheim hinzu.
Als Grundlage für ihre wissenschaftliche Forschung benötigte die Abtei eine gut ausgestattete Bibliothek. 1901 *wunderte* sich Bischof Dingelstad, wie die Gerlever Chronik voller Stolz berichtete, bei einem Besuch *über die schon vorhandene Bücherei*. Vermutlich konnte man dem Bischof damals kaum mehr als einige Regale zeigen. Der eigentliche Aufbau der Klosterbibliothek benötigte viel Zeit und Geduld. Dennoch verlor man das Ziel nie aus den Augen. Da eigene Mittel kaum vorhanden waren, kam Nachlässen und Geschenken – zunächst vor allem aus Beuron – größte Bedeutung zu. 1903 erhielt die noch ganz unbedeutende Bibliothek Zuwachs an Büchern und Handschriften aus dem Nachlass des Aachener Pfarrers Heinrich Metzenacher, 1909 folgten die Nachlässe des Münsteraner Kirchenhistorikers Anton Pieper und von Weihbischof von Galen. 1915 gelangte durch ein Fräulein Rath aus Niedermarsberg eine wertvolle juristische

Sammlung nach Gerleve. Weitere Bücherspenden kamen vom Klerus der Umgebung. 1924 schenkte der damalige Pfarrer und spätere Bischof Clemens August Graf von Galen der Abtei etwa 50 der insgesamt 60 Bände der „Acta Sanctorum" (Paris-Rom 1863–1870), von denen jedoch fast dreißig im Zweiten Weltkrieg verloren gingen. Umsichtig begann Abt Molitor, auch eine Sammlung überwiegend mittelalterlicher Handschriften anzulegen. Zu deren bedeutendsten Stücken zählt eine Chronik der Prämonstratenserabtei Cappenberg. 1938 schenkte der Münsteraner Caritasdirektor Joseph Tenspolde dem Kloster *eine große Zahl alter Codices und Handschriften ..., darunter solche aus dem 9. und 10. Jahrhundert* (Chronik).
Außerdem gelang es, wertvolle alte Klosterbibliotheken als Dauerleihgaben nach Gerleve zu holen. 1922 kamen Restbestände der Bibliothek der 1803 aufgehobenen Benediktinerabtei Werden aus dem Besitz der Essener Ludgerus-Pfarrei nach Gerleve, mussten aber 1984 zurückgegeben werden. Ebenfalls seit 1922 – aber nur bis 1939 – befanden sich die Bibliotheken der Dominikaner- und Fraterherrenklöster Wesels in Gerleve.
1928 beteiligte sich die Gerlever Bibliothek an der internationalen Buch- und Zeitungsdruckausstellung „Pressa" in Köln. Der Wissenschaftsorganisator Abt Ildefons Herwegen von Maria Laach hatte dort einen Stand zur Benediktsregel organisiert. Dazu steuerte Gerleve zwei wertvolle Drucke bei. Der eine war 1580 in Venedig entstanden, der andere 1723 in Mantua.

## Unterricht

Anders als viele süddeutsche Benediktinerklöster, die im Erziehungsbereich große Erfolge erzielten, konnten sich die Mönche der Beuroner Kongregation nur schwer entscheiden, Schulen und Internate zu eröffnen. Erst in der Zeit des Kulturkampfs machten die exilierten Mönche in Seckau und Prag mit ihren „Oblatenschulen" positive Erfahrungen. Die „Oblatenschulen" richteten sich an Jugendliche ab dem elften Lebensjahr, die einen Klostereintritt beabsichtigten. Die Erzabtei Beuron dagegen hielt auch nach ihrer Wiedererrichtung 1887 nichts von einer solchen Einrichtung. Erzabt Placidus Wolter fürchtete, dass dadurch die Entscheidungsfreiheit der jungen Menschen zu früh eingeschränkt würde: *Wir sind Mönche in einer Familie. Es passt nicht, so gewissermaßen gewaltsam uns Novizen zu erzwingen*[1], entschied er 1894.
In Gerleve teilte man diese Bedenken nicht. 1900 unternahm man mit nur drei Schülern aus der Nachbarschaft den Versuch, eine eigene Schule zu begründen. Dieses Projekt verlief jedoch im Sande. Erst nachdem Erzabt Placidus Wolters 1908 gestorben war und sich auch die staatliche Gesetzgebung gebessert hatte, gab es seit 1911 neue Beratungen zu diesem Thema. Im Herbst 1913 kam es in Gerleve schließlich zur Wiedererrichtung der Schule, der diesmal P. Chrysostomus Panfoeder vorstand. Patres erteilten Unterricht

1 Buschmann (wie S. 5, Anm. 1), S. 511.

in den Gymnasialfächern. Es fiel jedoch schwer, jedes Jahr eine ausreichende Zahl von Schülern und Lehrern zu finden. Die Situation änderte sich, als es gelang, 1917 in Coesfeld (Daruperstraße 10) ein Haus zu erwerben, in das die oberen Jahrgänge der Oblatenschule nun übersiedelten. Die jüngeren blieben in Gerleve und wurden weiterhin von Patres unterrichtet. Die anfangs neun Schüler des Coesfelder Hauses „St. Maurus" besuchten das dortige Gymnasium, wo sie sich auf das Abitur vorbereiteten. Ein Pater führte die Aufsicht im Haus. Nachdem von den etwa 60 Jugendlichen, die in den ersten Jahren in St. Maurus gewohnt hatten, sich nur fünf zum Klostereintritt in Maria Laach, St. Ottilien und Gerleve entschieden, während eine größere Zahl Diözesanpriester wurde, gab man das Haus 1925 wieder auf.

1931 erfolgte eine Wiederbelebung der Gerlever Oblatenschule mit anfangs nur sechs Schülern. Sie erhielt 1934 Zuwachs, als man ein Abkommen mit der Abtei St. Matthias in Trier schloss. Nun sollten die jüngeren Schüler beider Klöster bis zur Untertertia in Gerleve unterrichtet werden, während die älteren das Abitur in Trier machten. Dadurch stieg die Schülerzahl in Gerleve auf 18 und 1935 sogar auf 19. Dann verschlechterten sich die politischen Rahmenbedingungen so sehr, dass der Schulbetrieb 1937 eingestellt wurde. Die Interessenten für einen Klostereintritt in Gerleve sollten ihre Gymnasialausbildung nun in Münster als Alumnen des Bischöflichen Konvikts „Ludgerianum" erhalten.

Parallel zur Oblatenschule für Gymnasiasten, die auch „Choroblaten" genannt wurden, errichtete Gerleve 1928 eine Oblatenschule für künftige Laienbrüder, wie sie vom Beuroner Generalkapitel 1912 erstmals gestattet worden war. Deren Lehrlinge erhielten ihre Ausbildung in den staatlich anerkannten Lehrbetrieben der Abtei. 1928 konnte die Abtei Lehren für Schmiede, Schlosser, Schreiner, Schuhmacher, Zimmerer und Bäcker anbieten. Diese Ausbildungsstätte bestand von 1928 bis 1940, als sie dem Nationalsozialismus zum Opfer fiel.

Schließlich scheute sich Gerleve nicht, einige Patres auch als Religionslehrer an auswärtige Schulen abzustellen, so in Coesfeld P. Laurentius Rensing und P. Ambrosius Grönewäller am Jungengymnasium und P. Placidus Schornstein sowie P. Carl Bödiker an der Gerburgis-Aufbauschule für Mädchen. P. Heinrich Molitor und später P. Leo von Rudloff unterrichteten an der Wohlfahrts-Schule in Münster.

## Landwirtschaft und Gartenbau

Von den etwa 60 Hektar Landbesitz der Abtei konnten etwa 30 Hektar zum Ackerbau und 10 bis 12 Hektar als Weideland und für Obstplantagen genutzt werden. Hinzu kam ein wenig Wald. Dieser bescheidene Besitz reichte zur Ernährung der immer größer werdenden Gemeinschaft nicht aus. Zumindest galt es, ihn intensiv zu bewirt-

Darstellung des hl. Antonius (Swienetünes) am ehemaligen Schweinestall. In der Rechten hält der hl. Abt ein Schwein, in der Linken den Tau-förmigen Stab mit Glöckchen.

schaften. Dank der zahlreichen Brüder gelang es, mustergültige landwirtschaftliche und gartenbauliche Betriebe aufzubauen. Da allerdings viele Jahre hindurch der Neubau der Abtei im Vordergrund stand, blieben die landwirtschaftlichen Gebäude vorerst im Rückstand. Erst 1928 begann man, die Stallungen zu erneuern. 1929 und 1932 folgte der Bau von Siloanlagen. In den dreißiger Jahren entwickelte sich der landwirtschaftliche Betrieb durch den Einsatz modernster Technik zu einem Musterhof, der – in Westfalen damals noch ganz unüblich – seit 1929 Mais anbaute. Immer wieder kamen interessierte Landwirte aus der Umgebung und manchmal auch ganze Gruppen, um sich über die in Gerleve verwandten Technologien zu informieren.

Statt des Gartens am Wermelthof legten die Mönche eine große, terrassenförmige Gartenanlage am Südhang zwischen Abtei und Hof an. Neben Gemüse- und Blumenanbau betrieben sie hier auch eine kleine Obstplantage. Nach dem Ersten Weltkrieg entstanden Treibhausanlagen, die auch eine intensive Tomatenzucht erlaubten. Weitere, 1928 gebaute und beheizbare Treibhäuser dienten zur Produktion von Frühgemüse.

## Eine Krise im Konventsleben

Die Aufbauphase des Klosters muss den Gerlever Konvent eng zusammengeschweißt haben. Erst in der zweiten Hälfte der zwanziger Jahre zeigten sich Risse in der Gemeinschaft. Über die Einzelheiten sind wir kaum informiert. Anscheinend bildete sich eine Opposition gegen Abt Raphael Molitor. Dabei könnte es sich zuallererst um einen Generationenkonflikt gehandelt haben. Die Gründergeneration hielt die Führungspositionen fest in der Hand: Novizenmeister war von 1906 bis 1932 P. Bonaventura Rebstock, Sekretär des Abtes jahrzehntelang P. Rabanus Kalt. Die Klosterfinanzen regelte seit seiner Ankunft in Gerleve 1906 bis zu seinem Tod 1931 der Cellerar P. Korbinian Heiß. Alle drei waren wie auch Abt Molitor in den siebziger Jahren des 19. Jahrhunderts geboren und hatten ihre Profess in Beuron gefeiert.

Kein Wunder, dass in der Generation der in den achtziger Jahren des 19. Jahrhunderts geborenen, direkt in Gerleve eingetretenen Mönche Unzufriedenheit aufkam. Zwar wurde P. Chrysostomus Panfoeder 1917 Prior, nachdem dem bisherigen Amtsinhaber P. Wolfgang Schnell – geboren 1860 – ein Bein amputiert worden war. Aber bereits nach sechs Jahren wurde Panfoeder 1923 als Dozent an die Beuroner Hochschule geschickt und als Prior durch P. Bonaventura Rebstock ersetzt, dessen Einflussmöglichkeiten als Novizenmeister so noch verstärkt wurden. Die jüngere Generation musste sich mit dem

unbedeutenden Amt des Subpriors begnügen, das 1925 mit P. Ludger Bureick besetzt wurde. Auch landsmannschaftliche Gegensätze zwischen den jüngeren Westfalen und den älteren Badenern und Württembergern mögen Spannungen ausgelöst haben. Ferner könnten die Aufgabe der Coesfelder Oblatenschule 1925 und die im gleichen Jahr einsetzende hohe Verschuldung der Abtei zu dem Stimmungstief beigetragen haben.
Im übrigen förderte auch der Erste Weltkrieg einen Bewusstseinswandel. Fünf Brüder waren gefallen. Die Patres Gerhard Oesterle und Ludger Bureick waren Feldgeistliche gewesen. Der Lehrer P. Willibrord Bungardt trat 1912 in Gerleve ein. Bald nach Kriegsbeginn feierten Petrus Siffrin und Hildebrand Fleischmann 1915 ihre Profess. P. Fleischmann wurde dann 1916 eingezogen und diente bis 1918 als Sanitäter. Andere wie der musikalisch begabte Michael von Witowski und Anselm Stolz, der zu einem bedeutenden Theologen werden sollte, kamen erst nach Kriegsende. Von den Erfahrungen des furchtbaren Krieges erschüttert, begann diese Generation, vieles in Frage zu stellen, was für die Älteren selbstverständlich gewesen war.
Als Abt Raphael Molitor Ende 1926 sein zwanzigjähriges Abtsjubiläum feierte, hatte ihn eine seiner vielen Reisen – er kam gerade von einem Jerusalembesuch zurück – so sehr erschöpft, dass er die Konventsexerzitien nicht – wie ursprünglich geplant – selbst halten konnte. Kein Wunder, wenn mancher Mönch aus der jüngeren Generation die Zeit für einen Wechsel an der Spitze des Klosters für gekommen hielt. Abt Raphael aber ließ sich zunächst nicht beeindrucken und schmiedete sogleich neue Reisepläne. Ein für 1927 vorbereiteter Besuch in den Vereinigten Staaten kam *in letzter Stunde, nachdem schon Pass und Schiffskarte auf der „Kolumbus" gesichert waren*, nicht zustande. Statt dessen begnügte sich Abt Molitor im April und Mai mit einer einmonatigen Archivreise, die ihn bis nach Rom führte. P. Michael von Witowski nutzte die Abwesenheit des Abtes, um nach Beuron zu fahren, wo er sich mit Erzabt Walzer über die von ihm beobachteten *Schwierigkeiten* in Gerleve aussprach.
Angesichts der Kritik aus den Reihen jüngerer Mönche zeigte sich nun, dass Abt Molitor noch immer über große Energie, vor allem aber über kirchenrechtliches Wissen und jahrzehntelange Erfahrung verfügte. Zum Nachteil der Opposition wirkte sich wohl auch aus, dass sie im Konvent insgesamt keinen ausreichenden Rückhalt besass. Nach und nach wurden die wichtigsten Gegner des Abtes ihrer Ämter enthoben und in andere Klöster geschickt: Michael von Witowski ging 1927 nach Neuburg, wurde später Abt-Koadjutor von Weingarten und nach dem gescheiterten Versuch, trotz der nationalsozialistischen Diktatur in Berlin ein Kloster zu gründen, 1945 von russischen Soldaten erschossen. Die Patres Panfoeder, Bungardt und Siffrin wechselten 1926 bzw. 1927 nach Jerusalem, P. Fleischmann trat 1927 nach Seckau über. P. Ludger Bureick musste sein Amt als Subprior 1927 abgeben und wurde Hausgeistlicher bei Ordensfrauen.
Abt Raphael Molitor fühlte sich in seiner Position so sicher, dass er am 27. Juni 1928 zu einer Weltreise aufbrach. Er begleitete den Beauftragten der Fuldaer Bischofskonfe-

renz für die Auslandsdeutschen, den Osnabrücker Bischof Berning, zum Eucharistischen Kongress nach Sydney. Mit Berning, der angeblich nach seiner Priesterweihe eine Zeitlang überlegt hatte, in Gerleve einzutreten, verband ihn eine solide Freundschaft, die sich auch in Krisenzeiten bewähren sollte. Nach vier Monaten kehrte der Abt am 8. November in sein Heimatkloster zurück. Dennoch äußerte sich die Unzufriedenheit jüngerer Konventualen auch in den folgenden Jahren durch die Übernahme auswärtiger Aufgaben bzw. durch Austritte. P. Anselm Stolz folgte 1928 einem Ruf als Professor nach S. Anselmo. P. Ansgar Riering und P. Romuald Peffer verließen 1930 bzw. 1933 das Kloster und bald auch den Orden.

Gerleve stand mit dieser Krise keineswegs alleine. Allerdings setzte sie hier früher ein als anderswo. In Neuburg gelang es Teilen des Konvents, 1934 den Rücktritt von Abt Adalbert von Neipperg zu erzwingen. 1937 wurde in Beuron Erzabt Raphael Walzer gestürzt. Und auch in Maria Laach trennte sich Abt Ildefons Herwegen 1938 von einem seiner begabtesten Mönche, Damasus Winzen, als dieser neue Ideen in die Gemeinschaft einbringen wollte.

Wie tief die Krise in Gerleve saß, zeigte sich besonders schmerzhaft im Ausbleiben von Nachwuchs. Während andere Klöster damals mit außergewöhnlich hohen Eintrittszahlen rechnen konnten, stand das Gerlever Noviziat seit Ende 1929 drei Jahre lang leer. Erst 1932 meldete sich wieder ein Postulant. Bald darauf begann der Nationalsozialismus, immer stärkeren Druck auf die Gemeinschaft auszuüben, was diese nach innen hin festigte.

## Verantwortung in der Kirche und im Orden

Schon sehr früh begann der Gerlever Konvent, besondere Verantwortung für Aufgaben im Benediktinerorden und in der Kirche zu übernehmen. Die Hilfsbereitschaft des weitgehend mittellosen Klosters erstaunt, wenn man bedenkt, dass diese Aufgaben oft gar nicht oder nur unzureichend vergütet wurden. Möglich wurde dieser Einsatz durch die hohe Zahl von Eintritten. Abt Raphael Molitor erkannte Begabungen frühzeitig und förderte sie großzügig. Mit der gleichen Großzügigkeit war er dann aber auch bereit, talentierten Mönchen einen größeren Wirkungskreis zu eröffnen.

Auch er selbst schonte sich nicht. Schon in den ersten Jahren musste er als Konsultor der Päpstlichen Kommission für die Reform der Choralbücher aufwändige Reisen unternehmen. 1907 ernannte ihn der Papst zum Konsultor der Kommission für die Kodifizierung des Kirchenrechts und erwartete monatelange Romaufenthalte. Deshalb war Abt Molitor während des Klosterbrands abwesend und reiste nach der Sommerpause im Herbst 1907 erneut nach Rom, von wo er erst Anfang Februar 1908 zurückkehrte. Die Arbeit endete, als Papst Benedikt XV. den Codex Juris Canonici 1917 promulgierte.

Abt Molitor gewann durch diese Tätigkeit wertvolle Beziehungen zur Kurie und zugleich einen gründlichen Einblick in die praktischen Fragen des Kirchenrechts.
Beides brauchte er vor allem im Dienst der Beuroner Benediktinerkongregation. Eigentlich unterstand die Kongregation der Leitung des Beuroner Erzabtes. Als aber der schwer erkrankte Erzabt Ildefons Schober dieses Amt kaum noch ausüben konnte, beauftragte der Hl. Stuhl am 17. März 1917 Abt Molitor mit der Kongregationsleitung für Deutschland, Österreich und England. Die belgischen Klöster wurden einstweilen dem Löwener Abt Robert de Kerchove unterstellt. Die tiefen Verwundungen, die der deutsche Überfall auf Belgien gerissen hatte, konnte Abt Molitor trotz seines freundschaftlichen Verhältnisses zu dem später von Papst Johannes Paul II. seliggesprochenen Abt des belgischen Klosters Maredsous, Columba Marmion, nicht heilen. Noch vor dem Kriegsende drangen die belgischen Klöster auf ihre Ablösung von Beuron und gründeten 1920 eine eigene Benediktinerkongregation. Große Probleme entstanden durch den Krieg auch im Prager Emauskloster. Tschechische und deutsche Mönche konnten nicht mehr miteinander leben. Abt Molitor übernahm vier Jahre lang bis 1922 die Administration der Abtei. Die deutschen Mönche verließen Prag und ließen sich im schlesischen Grüssau nieder. Die kommissarische Leitung der Beuroner Kongregation blieb fünf Jahre lang in den Händen Abt Molitors, bis er sie 1922 an Erzabt Raphael Walzer übergeben konnte. Die Episode bewies, dass die Kongregation auch von einem Abt geleitet werden konnte, der nicht gleichzeitig Erzabt von Beuron war. Abt Raphael Molitor ging der Frage aus ordensgeschichtlicher Perspektive nach und erkannte, dass das „Erzabtssystem" kaum den benediktinischen Idealen entsprach. Das Ergebnis seiner Forschungen veröffentlichte er 1928 bis 1933 in drei Bänden unter dem Titel „Aus der Rechtsgeschichte benediktinischer Verbände". Nun setzte er sich auch in der Kongregation für die Umsetzung seiner Einsichten ein. 1936 entschied das Generalkapitel, die Kongregationsleitung nicht beim Erzabt von Beuron zu belassen, sondern einem gewählten Abt-Präses anzuvertrauen. Erster Präses der Kongregation wurde daraufhin Abt Raphael Molitor, der dieses Amt bis zu seinem Tod 1948 ausübte.
In dieser Zeit brachte das NS-Regime die Klöster in allergrößte Bedrängnis. Über die Einzelheiten von Abt Molitors Kongregationsleitung ist bisher wenig bekannt. Die durch Zensur, Spitzelwesen und zuletzt Kriegsauswirkungen behinderten Kommunikations- und Reisemöglichkeiten erschwerten ihm die Arbeit. Immerhin verstand er es, die Einheit zumindest zwischen den deutschen und österreichischen Klöstern auch über das Kriegsende hinaus zu bewahren.
Der jungen Abtei Gerleve fiel noch vor dem Ersten Weltkrieg eine besondere Verantwortung für das Benediktinerkloster in Jerusalem zu. Dieses Kloster, das heute den Namen „Hagia Maria Sion" trägt, ging auf eine Stiftung Kaiser Wilhelms II. aus dem Jahre 1898 zurück. Nachdem der Deutsche Heilig-Land-Verein an der Stelle, an der die Gottesmutter Maria entschlafen sein soll (Dormitio Mariae), Kirche und Abtei errichtet

hatte, trafen dort 1906 Beuroner Benediktiner ein. 1912 erhielt Abt Raphael Molitor von Erzabt Schober den Auftrag, das Sionskloster zu visitieren. Durch die komplizierten politischen Verhältnisse in Palästina fiel es der jungen Kommunität nicht leicht, sich zu stabilisieren. Deshalb übertrug der Erzabt dem Gerlever Abt, der die Problematik kannte, 1916 die volle Verantwortung für das Kloster. Die erste Zeit erwies sich als schwieriger als erwartet. Am 24. November 1918 mussten die deutschen Benediktiner ihr Kloster verlassen und wurden in einem ägyptischen Lager interniert. Erst nach zwei Jahren gestattete die englische Verwaltung ihre Rückkehr. Nun bat der lateinische Patriarch von Jerusalem in Absprache mit dem Päpstlichen Staatssekretariat und dem Kölner Erzbischof als Protektor des „Deutschen Vereins vom Heiligen Land" Abt Raphael, erneut die Administration des Klosters zu übernehmen. Abt Molitor benötigte fünf Jahre intensiver Arbeit, um die Angelegenheit zu ordnen. Dazu bedurfte er der Unterstützung durch seinen Konvent. Gerleve stellte dem Jerusalemer Kloster mehrere Mönche teils für einige Zeit, teils für immer zur Verfügung, zuerst schon 1921 die Patres Matthias Breitbach und Benedikt Stolz. Letzterer erhielt 1979 die Ehrenbürgerschaft von Jerusalem. 1922 visitierte Abt Molitor die Kommunität zum zweiten Mal. Auf Bitten des Lateinischen Patriarchen ließ er die Patres die Leitung und den Unterricht des Priesterseminars in Beit-Dschala übernehmen. Der bisherige Gerlever Prior P. Chrysostomus Panfoeder leitete das Seminar seit 1923. Weitere Gerlever Mönche folgten: P. Maurus Killer, P. Johannes Hülsmann, P. Willibrord Bungardt und P. Petrus Siffrin. Für die materielle Sorge wurde der leibliche Bruder des Abtes, P. Heinrich Molitor freigestellt, der unermüdlich im In- und Ausland Hilfsquellen zu erschließen suchte. Nicht nur Geld wurde gesammelt: Kleider, Stoffe, Bücher, Einrichtungsgegenstände aller Art gingen über Hamburg nach Jaffa und von dort weiter zum Sion. 1926 bereits war das Ziel erreicht. Der Jersualemer Konvent konnte auf eigenen Füßen stehen. Abt Raphael Molitor ernannte den Maria Laacher Prior P. Maurus Kaufmann zum ersten Abt des Klosters.

Im Dienst von Kirche und Orden musste Abt Molitor viele Reisen durch Deutschland, aber auch in die Schweiz, nach Österreich, Italien, Holland, Belgien und England, einmal sogar nach Australien unternehmen. Für seine Verdienste erhielt er zahlreiche Auszeichnungen. 1931 verlieh ihm die Theologische Fakultät Münster in Anerkennung seiner wissenschaftlichen Arbeiten den Titel Dr. h.c. Das Abt-Herwegen-Institut in Maria Laach berief ihn zum Ehrenmitglied. Als 1947 die Konferenz aller Benediktineräbte der Welt in Rom zusammentrat, stand das Ansehen des Abtes auf dem Höhepunkt. Im gleichen Jahr feierte er sein Goldenes Priesterjubiläum, zu dem ihm Papst Pius XII. ein überaus ehrendes Schreiben sandte.

Auch der zweite große Kirchenrechtler Gerleves, P. Gerhard Oesterle, stellte sein Fachwissen immer wieder in den Dienst der Kirche. Der Hl. Stuhl forderte ihn als Konsultor zweier Kongregationen (Sakramente, Hl. Offizium). In drei Seligsprechungsprozessen, darunter dem der münsterländischen Ordensfrau Maria Droste Vischering, übernahm er die mühevolle Arbeit des Postulators. Als Generalprokurator vertrat er der Kurie gegenüber die Interessen der Beuroner und der Schweizerischen Benediktinerkongregation. Das alles war nur möglich, weil P. Oesterle seit 1921 als Professor von S. Anselmo in Rom lebte. Abt Raphael Molitor stellte der kleinen, damals aber hochangesehenen Benediktinerhochschule noch drei weitere Mönche als Professoren zur Verfügung, nämlich die Patres Matthäus Rothenhäusler als Professor für Kirchengeschichte und Patristik (1924–1952), Anselm Stolz für Dogmatik (1928–1942) und Philipp Oppenheim, der 1929 den Lehrstuhl für Liturgik übernahm.

Folgenreich waren die Beziehungen zwischen Gerleve und einer Gemeinschaft von katholischen Krankenschwestern in Berlin, die sich 1919 unter dem Patronat der hl. Hildegard zusammengeschlossen hatte. 1924 erkannte der Erzbischof von Breslau die Gemeinschaft als „Pia Unio" an, die 1926 in Charlottenburg das Hildegard-Krankenhaus eröffnete. 1928 legten 28 Schwestern in feierlicher Form ein privates Gelübde zu Ehelosigkeit, Armut und Gehorsam ab. Im gleichen Jahr besuchte P. Ambrosius Grönewäller den jungen Konvent, um zweieinhalb Wochen lang eine Einführung in den Gregorianischen Choral zu geben. Drei Jahre lang wiederholte er diesen Kurs und jedesmal wuchs das Interesse der Schwestern an der benediktinischen Lebensform. P. Grönewäller stellte einen Kontakt zu den Tutzinger Benediktinerinnen her. 1929 kam die kirchliche Anerkennung als „geistliche Genossenschaft" und damit die eigentliche Errichtung eines Klosters. Die Schwestern übernahmen das monastische Stundengebet. Die damals noch übliche Trennung von Chor- und Laienschwestern lehnten sie ab. 1930 half Abt Molitor beim Entwurf der ersten Konstitutionen. Von nun an durften sich die Schwestern Benediktinerinnen nennen. 1934 siedelten sie aus der Großstadt in das nicht allzu weit entfernte Alexanderdorf (Kreis Teltow) über. Hausgeistlicher wurde bis 1953 P. Ludger Bureick, dem 1941 bis 1947 auch P. Bonaventura Rebstock, der dem Kloster als Exerzitienmeister schon lange eng verbunden war, zur Seite stand. Trotz vieler Behinderungen zunächst durch das NS-Regime und dann unter kommunistischer Herrschaft entwickelte sich das Kloster so gut, dass es 1946/49 auf Anregung von Abt Pius Buddenborg das Kloster Dinklage gründete und 1984 selbst Abtei wurde.

Die Wertschätzung, die Gerleve sich in kurzer Zeit erworben hatte, zeigte sich bei den Feiern zum 25. Jahrestag seiner Erhebung zur Abtei 1929. Glanzvoller Höhepunkt war der Besuch von Eugenio Pacelli, damals noch Nuntius in Berlin. Zu den Gästen gehörten weiterhin Bischof Johannes Poggenburg von Münster, Bischof Berning von Osnabrück, Regierungspräsident Rudolf Amelunxen, viele Professoren aus Münster, Vertreter des Adels, aber auch zahllose Jugendliche, Nachbarn und Freunde.

Das 5,50 m hohe Muschelkalkkreuz (1915) von Augustin Dierkes im Kreuzgarten

# 4. In größter Gefahr (1933–1945)

*antiquus hostis*
*Gregorius Magnus, Dialogorum libri IV, II, 1.5*

## Personalentwicklung

Einen wichtigen Einschnitt für die Gerlever Geschichte brachte das Jahr 1923. Erstmals traten junge Männer in das Kloster ein, die einen wesentlichen Anteil ihrer religiösen Prägung der Jugendbewegung verdankten. Der Jugendbund „Quickborn" war um 1909/13 in Schlesien entstanden und bald überall im katholischen Deutschland vertreten. Der charismatische Romano Guardini setzte sich dort für eine erneuerte, zeitgemäße Christusfrömmigkeit ein. 1919 erwarb der Bund die Burg Rothenfels. „Quickborn" stand der Liturgischen Bewegung näher als der 1919 gegründete Schülerbund „Neudeutschland". Später erinnerte sich der 1923 in Gerleve eingetretene Abt Pius Buddenborg an seine Jugend: *Ich verdanke dem Quickborn ganz wesentliche Anregungen und vor allem den lebendigen Anschluss an die Liturgische Bewegung, die damals machtvoll sich auszubreiten begann. Mit ganz geringen Geldmitteln und unter großen Entbehrungen brachte ich es fertig, an drei großen Tagungen auf Burg Rothenfels teilzunehmen. Die Erlebnisse dieser Tagungen und vor allem die Begegnung mit Guardini gaben meinem Leben eine ganz entscheidende Ausrichtung*[1]. Abt Raphael Molitor und sein damaliger Novizenmeister P. Bonaventura Rebstock waren klug genug, die jugendbewegten Novizen vorsichtig gewähren zu lassen. In der ersten Hälfte der dreißiger Jahre übernahm diese Generation erstmals Verantwortung in der Kommunität. Ihre ganze Vitalität konnte sie jedoch erst nach 1945 einbringen.

Als Adolf Hitler am 30. Januar 1933 zum Reichskanzler ernannt wurde, befand sich die Abtei Gerleve in einer guten Verfassung. Die innere Krise Ende der zwanziger Jahre war überwunden, der Nachwuchs bald wieder reichlich. 1938 wurde mit 96 Mönchen der Höchststand erreicht. Zählte man die Postulanten hinzu, betrug die Zahl der in Gerleve lebenden Ordensleute in diesem Jahr sogar 102. Deshalb mussten im Chor acht zusätzliche Plätze installiert werden. Bestand insgesamt eine gewisse Ausgewogenheit zwischen Brüdern und Patres, so ließen die Zahlen der Postulanten und Novizen für die Zukunft ein starkes Übergewicht der Brüder erwarten. Insgesamt stieg die Zahl der Postulanten und Novizen langsam, aber stetig. Ende 1931 betrug sie 12, 1933: 13, 1934 und 1935: 15, 1936 sogar 17. Anlass zur Sorge gab es in dieser Hinsicht also nicht. 1939 konnte deshalb ein Bruder zur Aushilfe nach S. Anselmo geschickt werden. Br. Engelbert Altena blieb dort, bis er 1943 zum Wehrdienst eingezogen wurde.

1 Pius Buddenborg, Kurzer Überblick über mein Leben (ungedrucktes, maschinenschriftliches Manuskript, Ex. in der Abteibibliothek Gerleve), S. 4.

Seit Juni 1944 ist er in Russland vermisst und wahrscheinlich gefallen.

## Die politische Haltung der Mönche

Unter der klugen Leitung von Abt Raphael Molitor hielten sich die Gerlever Mönche in der Zeit der Weimarer Republik mit politischen Stellungnahmen zurück. Sie beschränkten sich auf ihre religiösen Aufgaben. Selbstverständlich beteiligten sie sich an den politischen Wahlen, obwohl die Klosterchronik darüber kein Wort verlor. Alles spricht dafür, dass sie ihre Stimmen bis zum März 1933 einschließlich regelmäßig der katholischen Zentrumspartei gaben. Eine engere Beziehung zu prominenten Politikern bestand nicht, auch nicht zu dem aus Münster stammenden Zentrumspolitiker Heinrich Brüning, der 1930 bis 1932 Reichskanzler war. Zu den Freunden der Abtei zählte jedoch der entschieden demokratisch eingestellte Münsteraner Professor, Priester und Zentrumsabgeordnete im Reichstag, Georg Schreiber, der das Kloster häufig besuchte. Rege Kontakte bestanden aber auch zu Gruppen und Persönlichkeiten, die der Weimarer Republik feindlich oder kritisch gegenüberstanden. Dazu zählten in Teilen der westfälische Adel, der Katholische Akademikerverband, die Benediktinerabtei Maria Laach und Abt Molitors Freund, der Osnabrücker Bischof Berning. Der Laacher Abt Herwegen behauptete in einem Brief an Abt Raphael am 1. März 1933, dass *die nationalsozialistische Partei ... kein kirchenfeindliches Programm* habe. *Daran können auch Äußerungen gewisser Leute wie Rosenberg etc. nichts ändern*[1]. Er wird mit solchen Äußerungen nicht ganz auf taube Ohren gestoßen sein. Als am 18. Juni vier Gerlever Brüder das Ordensgewand erhielten, um ihr Noviziat zu beginnen, erhielt einer von ihnen den Klosternamen Adolf.

Nach dem Tod des Münsteraner Bischofs Johannes Poggenburg spekulierte die Presse über Kandidaten für seine Nachfolge. In diesem Zusammenhang nannte sie die Namen von Geistlichen, die der neuen Regierung genehm sein mussten, neben Abt Herwegen auch Abt Molitor. Vizekanzler Franz von Papen, der sowohl mit Maria Laach wie auch mit dem schlesischen Kloster Grüssau eng verbunden war, brachte auch den Grüssauer Abt Albert Schmitt ins Spiel. Im kirchlichen Wahlprozess spielte jedoch keiner dieser drei Benediktiner eine Rolle. Auf den offiziellen Kandidatenlisten fand sich als einziges Mitglied des Benediktinerordens nur der Abt von St. Matthias in Trier, Laurentius Zeller. Gewählt wurde schließlich jedoch der Münsteraner Pfarrer Clemens August von Galen, der sich später als Gegner des Nationalsozialismus hervortat. Galens älterer Bruder Wilhelm war als Mönch dem Prager Benediktinerkloster beigetreten. Vielleicht auch deshalb stand der neue Bischof dem Orden und insbesondere auch Gerleve sehr wohlwollend gegenüber.

Der zweite Gerlever Abt Pius Buddenborg notierte später über die Haltung seines

1 Marcel Albert, Die Benediktinerabtei Maria Laach und der Nationalsozialismus (=Veröffentlichungen der Kommission für Zeitgeschichte, B: Forschungen 95), Paderborn u.a. 2004, S. 37.

Vorgängers 1933: *Auch Vater Abt Raphael, der eine fast übertriebene Angst um die Existenz des Klosters hatte, sympathisierte mit der neuen Bewegung* der Nationalsozialisten[1]. Tatsächlich bestand seit längerem die Furcht vor einem neuen Bürgerkrieg oder einer kommunistischen Machtübernahme, die für die Klöster verheerende Folgen gehabt hätte. Die Beuroner Äbtekonferenz 1931 hielt den Zeitpunkt für gekommen, Vorsichtsmaßnahmen zu treffen: *Es wurde die Frage für dringlich gehalten, welche Maßnahmen im Falle der Machtergreifung durch den „Bolschewismus" zu ergreifen seien. Zunächst solle man, so Abt Ildefons* Herwegen, *die Mönche zu Verwandten schicken, aber „auf keinen Fall" käme eine Bewaffnung oder aktiver Widerstand in Frage. Doch solle man „erst gehen, wenn's brennt". In Maria Laach habe man „Civilkleider" gesammelt und könne einen „Nachrichtendienst" einrichten. Die Äbte berieten dann über möglichst sichere Vermögensanlagen, die schnell bei der als realistisch eingeschätzten Klosteraufhebung zur Existenzsicherung der einzelnen Konventualen verteilt werden könnten*[2]. Allerdings weigerte sich die Äbtekonferenz, in dieser Situation zweifelhafte politische Bündnisse einzugehen: *Zum Schluß der Äbtekonferenz warf der Grüssauer Abt die Frage auf, ob man sich „rechtsstehender Elemente bedienen" dürfe, die sich „für den Umsturz per Verteidigung" anböten. Die Frage wurde verneint und in diesem Zusammenhang die angebliche „Linksrichtung" des Zentrums bedauert, aber da „könne man ... nichts ändern"*[3].

Nach Pius Buddenborg war *aufs Ganze gesehen ... die Einstellung der meisten Mitbrüder in Gerleve von vornherein zunächst abwartend, aber schon bald auch ablehnend gegenüber der Nazi-Bewegung*[4]. Erklärte Sympathisanten des Nationalsozialismus waren nur die Patres Augustin Hessing, der für die Landwirtschaft zuständig war und die Agrarpolitik der neuen Regierung lobte, sowie der journalistisch tätige Odo Antoni, der im „Katholischen Familienblatt" auch rassistische Beiträge veröffentlichte. Prior Buddenborg dagegen verstand, wie er selbst berichtete, *Abt Raphael sehr gut ..., habe aber vor ihm nicht verborgen, dass* er *skeptisch und zur Ablehnung geneigt war. Wir haben damals darüber nie öffentlich diskutiert*[5]. So kommentierte auch die Chronik der ersten Jahreshälfte 1933, die im Herbst 1933 erschien, die neuen politischen Verhältnisse mit äußerster Zurückhaltung: *In dem nun beschriebenen Zeitabschnitt hat sich in unserm Vaterlande viel zugetragen. Wir vereinigen uns mit allen Gutgesinnten im Gebete, daß die Ereignisse zum Wohl und Segen unseres lieben deutschen Volkes ausschlagen werden.* Wie vorsichtig diese Äußerung war, zeigt sich, wenn man bedenkt, dass das Deutsche Reich unter Hitlers Führung im Juli ein Konkordat mit dem Hl. Stuhl geschlossen hatte.

1 Buddenborg (wie S. 62, Anm. 1), S. 26.
2 Benedikt Pahl, Abt Adalbert Graf von Neipperg (1890-1948) und die Gründungs- und Entwicklungsgeschichte der Benediktinerabtei Neuburg bei Heidelberg bis 1949 (=Beiträge zur Geschichte des alten Mönchtums und des Benediktinertums 45), Münster 1997, S. 252.
3 Ebd., S. 252.
4 Buddenborg (wie S. 62, Anm. 1), S. 27.
5 Buddenborg (wie S. 62, Anm. 1), S. 27.

## Die ostkirchlichen Studien

Zunächst lief das Leben in der Abtei relativ ungestört weiter. Abt Raphael Molitor spürte jedoch, dass der Konvent nach der Krise Ende der zwanziger Jahre neue Anstöße benötigte. Bis dahin lag der Schwerpunkt der innerkirchlichen Arbeit Gerleves neben der Choralpflege in der Beteiligung an der Liturgischen Bewegung. Nun gelang es dem Abt, seine Mitbrüder zu einem Großprojekt zu bewegen, das weltkirchlich gesehen zwar sehr aktuell, im nationalsozialistischen Deutschland jedoch verdächtig wirken musste. In dem Brief „Equidem verba" vom 21. März 1924 hatte Papst Pius XI. den Benediktinerorden gebeten, sich in besonderer Weise für die Einheit der getrennten Ostkirchen mit der römischen Kirche einzusetzen. Die Mönche sollten inständig bei Gott um die christliche Einheit beten, aber auch *konkrete Schritte unternehmen, um sie zu verwirklichen*[1]. Daraufhin entstand 1925 im belgischen Amay das Kloster Chevetogne, dessen Mönche sich nachhaltig um eine friedliche Verständigung mit den Christen anderer Konfessionen bemühten. In Deutschland reagierte man zunächst abwartend. Nur im bayerischen Kloster Niederaltaich gelang es dem 1934 zum Prior ernannten P. Emmanuel Heufelder, seine Mitbrüder für dieses Anliegen zu begeistern und diese Abtei nach dem Zweiten Weltkrieg zu einer wichtigen Begegnungsstätte zwischen östlicher und westlicher Christenheit zu formen.

In Gerleve besuchte P. Hieronymus Engberding seit Herbst 1927 Vorlesungen der Universität Münster zu vergleichenden Studien über die Liturgien des Orients. Im Frühjahr des darauffolgenden Jahres zog er nach Bonn und setzte seine Ausbildung an der dortigen Universität fort. Am 2. August 1931 promovierte ihn die Philosophische Fakultät der Rheinischen Friedrich Wilhelms-Universität für seine Arbeit über *das eucharistische Hochgebet der Basileiosliturgie*. Um das Buch an passender Stelle zu publizieren, eröffnete die Abtei beim Verlag Aschendorff in Münster die wissenschaftliche Reihe „Theologie des christlichen Ostens". *Damit hofft unsere Sammlung auch der ehrenvollen Einladung zu entsprechen, mit der der Papst am 21. März 1924 den Orden St. Benedikts zur Mitarbeit an der Erfüllung* seines Programms zur Wiedervereinigung der Kirchen *berief*, hieß es im Geleitwort. Ein Jahr später veröffentlichte P. Philipp Oppenheim in der gleichen Reihe seine Studie über *Symbolik und religiöse Wertung des Mönchskleides im christlichen Altertum*.

Inzwischen hatte Abt Molitor die Frage eines Gerlever Engagementes für die Einheitsbestrebungen 1930 mit einem ausgewiesenen Ökumeniker, nämlich dem Bischof von Lausanne - Genf - Freiburg, Mario Besson, besprochen. Der Blick Gerleves richtete sich seither auf die russische Orthodoxie. Man legte eine russisch-byzantinische Bibliothek an. Fünf Patres begannen, die russische Sprache zu erlernen. Als Abt Raphael im folgenden Jahr sein silbernes Jubiläum feierte, erhielt er ein Glückwunschtelegramm von Kardinalstaatssekretär Eugenio Pacelli. Darin machte der Kardinal deutlich, welche Absicht

1 Pius XI. an Abt-Primas Fidelis von Stotzingen: *mandamus tibi, dilecte fili, ut, datis litteris, omnis invites istius ordinis abbates et monachos tum ad preces pro unitate instanter Deo fundendas, tum ad opera, huic fine apta, inchoanda*; Annales Ordinis S. Benedicti 28-34 (1920/26), S. 76-78, hier S. 77.

der Hl. Stuhl verfolgte. Pius XI. rechne es Molitor *als besonderes Verdienst an, dass er sich an dem Bestreben beteilige, die russischen Völkerschaften wieder zum einen und unversehrten Glauben zurückzuführen.*
Um die Arbeit der Patres zu koordinieren, rief Abt Raphael im Konvent eine „Ostkirchliche Arbeitsgemeinschaft" ins Leben, die er der Leitung des 1935 zum Prior ernannten P. Pius Buddenborg anvertraute. 1937 organisierte dieser zum Auftakt einen zweiwöchigen, hausinternen Kursus. Die Themen, über die verschiedene Mönche referierten, hießen: *Die Welt des Schismas, Die Gotteslehre in der Theologie der Griechen* und *Die Liturgie des heiligen Johannes Chrysostomus.* Zwei Vorträge waren der Ikonenmalerei gewidmet. Bald war man stolz, als Arbeitsgrundlage eine kleine Sammlung wertvoller Ikonendrucke zu besitzen.
Seit 1938 veranstaltete die Abtei zu Beginn der von Benedikt XV. eingeführten „Gebetsoktav für die Einheit der Christen" vom 18. bis zum 25. Januar alljährlich einen Festakt, zu dem zahlreiche kirchliche Würdenträger und Gelehrte erschienen. Im gleichen und dem darauffolgenden Jahr führte die Arbeitsgemeinschaft in Gerleve zwei vielbeachtete Ostkirchentagungen durch, an denen bis zu Hundert junge Priester und Theologiestudenten teilnahmen und – zum Teil mit Beteiligung der Bevölkerung – die Chrysostomusliturgie in griechischer und slawischer Sprache feierten. Die dabei gehaltenen Referate wurden in den beiden Bändchen „Ut omnes unum sint" und „Ein Leib – Ein Geist. Einblicke in die Welt des christlichen Ostens" veröffentlicht. Gleichzeitig vertraten Gerlever Mönche das Anliegen der Kircheneinheit bei Ostkirchentagen in den Priesterseminaren von Münster, Osnabrück, Köln und Braunsberg. P. Hieronymus Engberding bemühte sich, akademische Kreise durch Vorträge mit dem Thema vertraut zu machen. Selbstverständlich bestand eine enge Zusammenarbeit mit den Mönchen von Amay/Chevetogne und P. Heufelder sowie mit dem auch theologisch vielseitigen Beuroner P. Hermann Keller.
Die Arbeitsgemeinschaft, die inzwischen im Zweiwochenrhythmus zusammentrat, wollte das Interesse für die Ostkirche wecken, indem sie die Schätze der ostkirchlichen Liturgie durch Übersetzungen und Erklärungen allgemein zugänglich machte. In der Reihe „Heilige Feiern der Ostkirche" erschienen vier Hefte. Zunächst veröffentlichte P. Leo von Rudloff 1938 den Band „Taufe und Firmung im byzantinischen Ritus", dann folgte von P. Paulus Matzerath 1939 „Die Totenfeiern der byzantinischen Kirche" und im darauffolgenden Jahr „Buße und heilige Ölung in der byzantinischen Kirche" sowie zuletzt 1940 von P. Suitbert Bückmann „Das Sakrament der Ehe und der Segen der Kirche für Familie und Haus im byzantinischen Ritus".
Nach dem Kriegsbeginn 1939 wurde die ostkirchliche Arbeitsgemeinschaft auf einen engeren Kreis von Patres beschränkt, um die Arbeit intensiver vorwärtszutreiben. Erneut bemühte man sich um ausreichende Russischkenntnisse. Aber noch bevor dies alles Früchte tragen konnte, führte die Aufhebung des Klosters 1941 zum Ende der

Arbeitsgemeinschaft. Obwohl sie in den viereinhalb Jahren ihres Bestehens eine erstaunliche Aktivität entwickelt hatte, wurde sie nach dem Krieg nicht wiederbelebt. Nur P. Hieronymus Engberding arbeitete als Orientalist weiter und veröffentlichte zahlreiche wissenschaftliche Beiträge. Seit 1950 nahm er bis zu seiner Erkrankung 1959 einen Lehrauftrag für Kunde des christlichen Orients an der Universität Münster wahr und betreute als Schriftleiter die Zeitschrift „Oriens Christianus".

## Seelsorge

Obwohl die Ostkirchenarbeit viele Kräfte absorbierte, ging das sonstige Seelsorgsengagement Gerleves keineswegs zurück. Die Einweihung des neues Pfortentraktes am 27. März 1933 mit seinen freundlich eingerichteten Sprechzimmern unterstrich die Bedeutung, die das Kloster der Seelsorge in Einzelgesprächen gab. Aber auch die Statistiken der Gästehäuser verzeichneten eine stete Aufwärtsentwicklung. 1933 hieß es etwas pessimistisch in der Klosterchronik: *Die Veranstaltungen in Ludgerirast und Jugendherberge standen zum Teil unter dem Einfluß der unruhigen und aufregenden Zeiten. Immer wieder kamen Abmeldungen zu den Tagungen.* Dennoch besuchten auch in den folgenden Jahren zahllose Menschen das Kloster zu Exerzitien, Einkehrtagen, liturgischen Arbeitstagungen, religiösen Vorträgen, Choralkursen und Bibelkreisen. Und umgekehrt übernahmen Gerlever Mönche weiterhin Vorträge und Exerzitienkurse in anderen Klöstern, für Pfarreien und Vereine.
Daneben fanden einige Patres Zeit zu einem anspruchsvollen Schriftenapostolat. P. Albert Ohlmeyer publizierte ab 1937 mehrere vielgelesene „Bibelwerkbriefe". P. Bonaventura Rebstock verfasste einen allgemein verständlichen, sehr geistlichen Kommentar zum Johannesevangelium, den er zunächst in der Form von „Johannesbriefen" verbreitete, bevor er ihn 1939 unter dem Titel „Vom Wort des Lebens. Gedanken zum Johannesevangelium im Geiste der hl. Väter" als Buch herausgab.
Selbst in den ersten sechs Jahren des NS-Regimes wurde die Seelsorgstätigkeit der Gerlever Mönche kaum beeinträchtigt. Der Gottesdienstbesuch insbesondere zu den hohen Festen stieg ständig an. Erst seit dem Kriegsbeginn 1939 kam der Besucherfluss zum Stocken. Gleich im Sommer des ersten Kriegsjahres vermerkte der Chronist: *zu 20 Exerzitienkursen* in der ersten Jahreshälfte fanden sich *398 Gäste ein und zu 24 Einkehrtagen 1051 Teilnehmer. Weitere 1742 Personen wurden anderweitig religiös betreut, 2000 Pilger nahmen kurzen Aufenthalt, 205 Priester trugen sich ins Zelebrationsbuch ein. Leider steht dem religiösen Interesse ein empfindlicher Omnibusmangel entgegen.* 1940 führte die etwa ein halbes Jahr dauernde Einquartierung von Soldaten dazu, dass die Aufnahme von Gruppen zeitweilig fast völlig zum Erliegen kam. Dennoch erlosch das Interesse an geistlichen Tagen in Gerleve nicht. Im zweiten Halbjahr

fanden noch einmal 13 Kurse statt, *von denen 7 für zusammen 141 Priester und 3 für 120 Rekruten gegeben wurden.* Neu hinzu kam *jeden Sonntag eine hl. Messe für polnische Zivilgefangene, die auf den einzelnen Bauernhöfen wohnen, und eine zweite hl. Messe für französische Gefangene, die in 2 Gefangenenlagern untergebracht sind.* Mit der Aufhebung der Abtei am 13. Juli 1941 fand dann auch die gemeinsame Seelsorgstätigkeit des Konvents ein abruptes Ende.

## Bauten

Mit der Einweihung des Pfortenflügels Anfang 1933 war das Kloster zwar noch nicht vollendet, aber es verfügte zumindest über ausreichend Raum. So konnte man im darauffolgenden Jahr ein schon seit längerem gewünschtes, kleines Projekt verwirklichen. An der Bergstraße oberhalb des Klosters befand sich die Stelle, an der seit alters her der Ort vermutet wurde, an dem der hl. Liudger kurz vor seinem Tod noch einmal das Münsterland segnete. Zur Erinnerung daran gelang es 1934, ein steinernes Denkmal aufzustellen. Auf einem Sockel von Klinkern sitzt erschöpft der von zwei jungen Mönchen gestützte Bischof, die rechte Hand zum Segen ausgestreckt. Über dieser Gruppe erhebt sich, wiederum in einen Klinkeraufbau eingelassen, ein Kruzifix.

Einige Jahre später gab ein gravierendes Problem Anlass zu schweren Sorgen. Der weiche Sandstein an der Abteikirche verwitterte schnell. Besonders stark betroffen war die dem Wind und Regen besonders ausgesetzte Turmfront, die aussah, als stünde sie *wenigstens drei Jahrhunderte anstatt drei Jahrzehnte. Allenthalben waren die stark verwitterten Steine herausgebrochen und zu Boden gefallen, so daß die Kanten der Türme beinahe die Vorstellung einer Säge erweckten.*

Nach einigem Zögern entschied sich Abt Molitor 1937, ihre Restaurierung einem entschieden modernen Künstler, nämlich dem Kölner Architekten Dominikus Böhm anzuvertrauen. Von den Nationalsozialisten war Böhm 1934, was Abt Molitor sicherlich wusste, als Professor der Kölner Werkschule entlassen worden. Durch seinen Klosterbau für die Benediktinerabtei Benediktusberg im niederländischen Vaals Anfang der zwanziger Jahre hatte Böhm seine Kompetenz überzeugend unter Beweis gestellt. Auch im Münsterland besaß sein Name einen guten Klang, seit er 1936 den Auftrag für die Dülmener Pfarrkirche Hl. Kreuz übernommen hatte. Ebenfalls 1936 baute er die Bocholter Hl. Kreuz-Kirche.

Böhm hielt nichts von der verspielten Formfreudigkeit der wilhelminischen Neoromanik. Als Vertreter einer traditionsgebundenen Moderne setzte er auf Materialechtheit, eine klare Gliederung und franziskanische Einfachheit. Sein Entwurf überzeugte und wurde 1938 ausgeführt. Rosette, Figurenschmuck, Ornamentbänder, ein Giebel und die zierlichen Turmhauben verschwanden. In Anlehnung an die alten Dome Westfalens

Die von Dominikus Böhm 1938 neugestaltete Turmfassade

entstand statt dessen ein wuchtiges, überaus streng wirkendes Westwerk, an dem nur die dezent Jugendstilelemente aufgreifenden Formen der Vorhalle einen etwas leichteren Akzent setzen. Böhm entwarf auch die neuen Fenster dieser Fassade. Sehr gefällig wirkten die Fenster in den beiden Turmkapellen. Dagegen führten die dunklen Farben der vier hochgestreckten Fenster über der Empore innerhalb der Kirche zu einer erheblichen Verschlechterung der Lichtverhältnisse. Ihre wunderbare Leuchtkraft entfalten sie nur für kurze Zeit an strahlenden Spätnachmittagen, wenn die Sonne im Westen schon tief am Himmel steht. Ein Künstlermönch aus Maria Laach, Br. Tutilo Haas, schuf 1939 das Tympanon über dem Kirchenportal. In der Mandorla zeigt es Christus mit Kreuznimbus, umgeben von den Tierkreiszeichen, in seiner Hand das Buch des Lebens. Ihn umgeben vier für Gerleve besonders wichtige Heilige: rechts die Gottesmutter und der hl. Liudger, links der Klosterpatron Joseph und der hl. Benedikt. Die beidseitig neben dem Portal geplanten Reliefs – Entwürfe lagen bereits vor – kamen nicht zur Ausführung. Die Säulen des Portals ruhen auf Löwenplastiken des Münsteraner Malers und Bildhauers Wilhelm Felix Schlüter.

Insgesamt fiel dieser Umbau radikaler aus als manche erwartet hatten. Er passte hervorragend zu dem modernen Pfortentrakt. Als die Fassade in der Weihnachtsnacht 1938 im Licht von Scheinwerfern erstrahlte, wurde *die neugeborene Kirche in ihrer jugendlichen Schönheit* zu einem Abbild des Lichtes, das in der Finsternis leuchtet (Lk 1, 79). Fehlende Mittel und der Kriegsbeginn machten dann weitere Bauten unmöglich.

## Der Konvent in der Diktatur 1934–1941

Weder im Kaiserreich noch in der Weimarer Republik hatten sich die Gerlever Mönche an den politischen Auseinandersetzungen beteiligt. Statt dessen konzentrierten sie sich voll und ganz auf ihre religiösen Aufgaben. Nach 1933 bemerkten sie nicht, dass die veränderten Verhältnisse auch eine grundsätzlich andere Reaktion erforderten. Zur Abschaffung der Demokratie, zum Ende der katholischen Zentrumspartei, zur Einschüchterung politischer Gegner, der Entlassung missliebiger Beamter, zu den Bücherverbrennungen und den Anfängen der Judenverfolgung gab es auch aus Gerleve keine öffentliche Stellungnahme. Lange Zeit wagte man sich nicht einmal in eigener Sache an die Öffentlichkeit, obwohl Abt Molitor über die Schikanen, denen die Klöster ab 1934 ausgesetzt waren, dank seiner Führungsposition in der Beuroner Kongregation genau informiert war. Der damalige Prior Pius Buddenborg erinnerte sich später: *Wir standen unter Bespitzelungen und Drohungen. Sehr viel Klugheit und Vorsicht musste ich aufbringen, besonders auch um manche Mitbrüder vor überflüssigen und ungeschickten Äußerungen in Predigt und Gesprächen zurückzuhalten ... Zum Glück waren uns die nächsten weltlichen Behörden wohlgesinnt, wenngleich sie das nicht offen zeigen durften*[1].

1 Buddenborg (wie S. 62, Anm. 1), S. 9.

Tatsächlich setzten manche Mönche auch bei ihrer religiösen Arbeit gelegentlich sehr bewusst regimekritische Akzente. So gelang es ihnen 1935, den von den Nationalsozialisten eingeführten und propagierten Erntedankfeiern einen eigenen Charakter zu geben: *Eine kirchliche Feier ganz eigenen Gepräges sah der Erntedanktag in unserer Abteikirche. Unsere Nachbarn hatten schon frühzeitig unserer Einladung Folge geleistet und auf kleine Leinensäckchen durch unsern Br. Dominikus* Zwernemann *symbolische Motive aufzeichnen lassen, die der Bedeutung des Brotes als Speise des Leibes und der Seele Ausdruck verliehen. Diese Zeichen waren alsdann daheim von den Bäuerinnen und Jungbäuerinnen kunstvoll bestickt worden. Am Morgen des Erntedanksonntages, des 6. Oktober, wurden nun von den Bauern viele Säckchen, mit geringen Mengen Weizen gefüllt, zur Kirche gebracht. Gemeinsam mit dem Erntekranz der Abtei und mit Früchten des Feldes wurden sie dann vom Ortsbauernführer, von unsern Brüdern und den festlich gekleideten Ministranten zum Altare getragen, um an heiliger Stätte während des heiligen Opfers gesegnet zu werden. Dieser Weizen wird nun in unserer Abtei gemahlen und alsdann zu Hostien verbacken. Unsere Nachbarn werden auf diese Weise in Zukunft bei der heiligen Kommunion die Hostie aus ihrem eigenen Weizen empfangen. So wird einmal unsere Verbundenheit mit dem Volk, dann aber auch die tiefe Verbindung zwischen der naturhaften Herkunft des Brotes vom Bauern und dem sakramentalen Brot des göttlichen Lebens zum Ausdruck gebracht. Beglückend war die freudige Bereitschaft, mit der unsere Nachbarn auf diese Anregung eingegangen waren...*
*Auch bei der Feier am Nachmittag des Erntedanktages in Billerbeck hatten wir uns beteiligt. Unser Festwagen im Festzug war auf die Vaterunser-Bitte abgestimmt: Unser tägliches Brot gib uns heute! Plattdeutsche, uralte Bauernsprüche, die den Segen des täglichen Brotes preisen, die Vereinigung von Gebet und Arbeit zum Ausdruck bringen und die biblische Wahrheit, daß der Mensch infolge der Erbsünde im Schweiß seines Angesichts sein Brot essen muß, waren in kunstvoller Schrift angebracht und durch lebende Bilder erläutert.*
Schon zu Pfingsten 1934 hatte es einen bedenklichen Zwischenfall gegeben: Mitglieder der Hitlerjugend überfielen ein Zeltlager des Schülerbundes Neudeutschland auf dem Klostergelände. Das führte zu Auseinandersetzungen zwischen der Abtei und den Behörden, die zuletzt beigelegt werden konnten. Die Vortragsreisen P. Gregor Schwakes galten der Gestapo als verdächtig und wurden immer wieder überwacht, so 1935 im Bistum Meißen. Die Mitarbeiter des Sicherheitsdienstes des Reichsführers SS fanden in der „Kölnischen Volkszeitung" vom 29. Mai 1935 folgenden Bericht: *Liturgisches Leben in der Diaspora. In den Hauptorten des Bistums Meissens, Leipzig, Dresden, Plauen, Zittau, Schirgiswalde, Bautzen, Chemnitz, Zwickau und anderwärts hielt der bekannte Vorkämpfer für den Volkschoral, P. Gregor Schwake aus der westfälischen Benediktinerabtei Gerleve je zweitägige Führerkurse für Liturgie und Choral, die überall zu einem Ereignis wurden. Der Meissener Bischof sprach in seinem Geleitwort die Hoffnung aus,*

Der Kirchenrechtler Raphael Molitor glaubte immer noch, in einem Rechtsstaat zu leben. Deshalb konsultierte er den erfahrenen Kölner Rechtsanwalt Heinrich Helfrich und publizierte dann 1939 ein Buch über *Orden und Kloster als kirchliche Persona moralis*. Veranlasst durch *Fragen der jüngsten Zeit*, wies er darin aus kirchenrechtlichen Quellen nach, dass *Orden und Klöster ... moralische [juristische] Personen* sind, *Teile und Organe der Kirche* und *kirchliche Zwecke* erfüllen[1]. Er zeigte, dass ein Angriff auf die Klöster auch ein Angriff auf die Kirche sei. Vermutlich hoffte er, mit diesen Überlegungen den im Reichskonkordat Artikel 19 zugesagten Schutz der Klöster zusätzlich sichern zu können. Gleichzeitig aber sandten Abt Molitor und Abt Herwegen 1938 Mönche in die Vereinigten Staaten, wo sie Ausweichquartiere für den Fall der Aufhebung suchen sollten. Als Hitler ein Jahr später den Zweiten Weltkrieg entfesselte, durften Deutsche nicht mehr nach Amerika ausreisen. So entfiel auch diese Möglichkeit, im Ernstfall eine neue Bleibe zu finden.

Der Krieg veranlasste das NS-Regime nicht zu einem Burgfrieden mit der Kirche. Im Gegenteil: Nach dem ersten, erfolgreichen Kriegsjahr beschloss die Regierung Regelungen, die auf Dauer zum Ende der Klöster führen mussten. Der Reichsarbeitsminister erließ am 29. September 1940 eine Verfügung, die unter Hinweis auf den Bedarf an Arbeitskräften für die Landesverteidigung das Alter für den Eintritt in ein Kloster auf

Beerdigung des am 19. September 2003 verstorbenen Br. Reginbert Rossmöller, der nach seinem Eintritt 1933 in Gerleve 1936-1938 Wehrdienst leisten musste und im Zweiten Weltkrieg als Funker in den Niederlanden eingesetzt war.

1 Raphael Molitor, Orden und Kloster als kirchliche Persona moralis (=Hermann Weber [Hg.], Kirchliche Verwaltungslehre 6), Breslau 1939, S. 7.

50 Jahre festsetzte. Die Arbeitsämter sollten Eintrittswillige notfalls auf dem Weg der Dienstverpflichtung vom Klostereintritt fernhalten.

## Die Aufhebung der Abtei

Über die Gründe, warum das NS-Regime das eine Kloster aufhob, das andere aber nicht, ist oft gerätselt worden. Eine einheitliche Linie ist nicht zu erkennen. Neben der Kirchenfeindlichkeit und einem weitgehenden Unverständnis für die Werte klösterlichen Lebens dürfte die Habgier der NS-Organisationen eine gewisse Rolle gespielt haben. Dennoch war das sicher nicht das ausschlaggebende Motiv. Die Gerlever Landwirtschaft meldete bei einer deutschlandweiten statistischen Erhebung am 17. Mai 1939 als Besitz: *1 Bulle, 31 Milchkühe und 19 Rinder und Kälber; 1 Eber, 5 Zuchtsauen, 41 Schweine und 9 Ferkel; dann 6 Pferde, 2 Hunde, 740 Hühner und 54 Bienenvölker; 27,15 ha Ackerland, 12,5 ha Wald, 1,3 ha Gemüse, 5,5 ha Obstbau, 790 hochstämmige Obstbäume, 3 Gemüse- und 2 Blumentreibhäuser; 1 luftbereifte Zugmaschine mit 30 PS (meist Bulldog genannt), 2 Personenkraftwagen, 1 dreirädriger Lieferwagen und 1 Motorrad*. Attraktiver dürften für die NSDAP das Klostergebäude und das Exerzitienhaus gewesen sein. Jedenfalls fühlte sich der Konvent frühzeitig bedroht. Wie viele andere Ordensgemeinschaften auch hofften die Gerlever Mönche, der drohenden Vertreibung zu entgehen, indem sie Teile ihres Klosters für militärische bzw. caritative Zwecke bereitstellten. Kurz nach Kriegsbeginn boten sie der Wehrmacht deshalb an, im Kloster ein Lazarett einzurichten. Diese Vorschlag blieb ebenso folgenlos wie die im Oktober 1940 erklärte Bereitschaft des Klosters, 50 Kinder aufzunehmen. Etwas später bot die Abtei Unterkünfte für 150 obdachlos gewordene Personen an. Statt dessen wurde schließlich eine Abteilung des Münsteraner Staatsarchivs in der vom Luftkrieg weniger bedrohten und solide gebauten Abtei in Sicherheit gebracht.

Auf die Beschlagnahmung einiger Ordenshäuser in Österreich hatte die Bevölkerung nur schwach reagiert. Daher fühlte sich die NSDAP stark genug, ähnliche Maßnahmen auch in Deutschland zu ergreifen. Am 13. Januar 1941 ermutigte Martin Bormann die Gauleiter, von der Möglichkeit zur Klosteraufhebung „weitgehend Gebrauch" zu machen[1]. Zehn Tage später bereits hatte der Laacher Abt Herwegen alle Hoffnung auf ein Überleben der Klöster verloren und schrieb an Abt Molitor: *Menschlicher Weise scheint mir keine Hoffnung zu bestehen. Nur der besondere Schutz Gottes kann uns retten*[2]. In den folgenden Wochen erfolgte die Schließung zahlreicher Klöster in den besetzten Gebieten. Zu den aufgehobenen Klöstern gehörte die Beuroner Abtei Seckau in Österreich und das luxemburgische Benediktinerkloster Clerf. Am 19. März 1941 eröffnete die Auflösung der Abtei Königsmünster im sauerländischen Meschede die seit langem geplante Reihe der Klosteraufhebungen in Westdeutschland. Dann folgte die Aufhebung des mehr als hundertvierzig Nonnen zählenden Benediktinerinnenklosters Bonn-Endenich am 30. April 1941. Eine Woche später traf das gleiche Schicksal die Benediktinerklöster St. Matthias in Trier und Michaelsberg in Siegburg.

In Gerleve ging man davon aus, dass die Seelsorgstätigkeit des Klosters seit langem überwacht wurde. Im Frühjahr 1941 wurden verschiedentlich und von mehreren Seiten verdachterregende Erkundigungen über *den Rechtsträger des Klosters*[3] und andere Dinge eingezogen. Die Schlinge zog sich immer enger zusammen: Ausgerechnet am Sonntag, dem 22. Juni 1941, an dem die deutschen Truppen in die Sowjetunion einfielen, trafen morgens um 7 Uhr in Gerleve etwa 50 Gestapobeamte in Zivil ein, um das Kloster auf Beziehungen zu Russland zu untersuchen. Die Aktion dauerte bis zum Mittag. Unterdessen musste die Kommunität sich unter Bewachung im Kapitelsaal aufhalten. Mit Mühe wurde die Erlaubnis erwirkt, für die Kirchenbesucher die Sonntagsmesse zu feiern. Mit einem Packen willkürlich zusammengeraffter Schriften zog die Gestapo wieder ab. Doch kam am gleichen Tag eine kleinere Einheit zurück, um verschiedene Patres bis zum Abend zu vernehmen.

Der Sicherheitsdienst des Reichsführers SS unterstellte dem Vatikan, sich für eine Union mit der russischen Orthodoxie einzusetzen, um den Weg für eine Annäherung zum Bolschewismus freizumachen. 1938 plante ein SS-Untersturmführer, der als Hauptreferent

1 Wolfgang Dierker, Himmlers Glaubenskrieger. Der Sicherheitsdienst der SS und seine Religionspolitik (=Veröffentlichungen der Kommission für Zeitgeschichte, B: Forschungen 92), Paderborn 2001, S. 522 f.
2 Albert (wie S. 63, Anm. 1), S. 197.
3 Die Benediktinerabtei Gerleve 1998, S. 54.

in der Wissenschaftsabteilung des Sicherheitsdienstes arbeitete, eine Doktorarbeit über diese Frage. Es ging ihm um den *Nachweis, dass der Katholizismus in seiner Stellung zum Bolschewismus nicht von grundsätzlichen, sondern von taktischen Erwägungen ausgegangen ist, und auch nur ausgehen kann, weil er letzten Endes weltanschaulich auf der gleichen Grundlage steht wie der Bolschewismus.* Um derart abstruse Behauptungen zu beweisen, wollte man die *katholischen Äußerungen und Stellungnahmen* prüfen, wie sie in: *Enzyklikien [sic!], Hirtenbriefen, Veröffentlichungen und Programmen der kirchlichen Ostinstitute, der Orden sowie in Schriften und in der Presse ... niedergelegt sind ... Aus diesem Material ist der Nachweis zu erbringen, dass der Katholizismus die verschiedensten Arten von Probolschewismus mitgemacht* habe. *Das Material*, so meinte der Referent, *müßte vom Amt zur Verfügung gestellt werden*[1]. Es gab also ein gewisses Interesse, kirchliche Schriften zum Thema Ostkirche aufzuspüren. In diesem Zusammenhang interessierten die Fahnder in Gerleve die beiden über ostkirchliche Fragen handelnden, von der Abtei herausgegebenen Bücher „Ut omnes unum sint" und „Ein Leib – ein Geist". Sie waren allerdings mit Genehmigung der Reichsschrifttumskammer veröffentlicht worden und in jeder Buchhandlung zu kaufen. Die Gerlever Mönche wussten, was sie erwartete und nutzten die nächsten Wochen, um wertvolle Gegenstände, aber auch Akten und Bücher aus dem Kloster zu schaffen, die sie bei Nachbarn und Freunden versteckten. Noch am 9. Juli schrieb Prior Pius Buddenborg an die Ludgerus-Pfarrei in Essen-Werden und bat, die Gerleve als Leihgabe überlassene alte Bibliothek zurückzunehmen. Dazu kam es jedoch nicht mehr.

Nachdem die Stadt Münster vom 6. bis 10. Juli 1941 durch Bombenangriffe schwer zerstört worden war, bot Abt Raphael Molitor am 10. Juli dem Oberbürgermeister noch einmal an, im Kloster Räume für Obdachlose bereitzustellen und sofort 50 Kinder aufzunehmen. Am darauffolgenden Sonntag, dem 13. Juli, predigte Bischof Clemens August von Galen in der Münsteraner Lambertikirche. Er wollte den Menschen Trost spenden, aber auch neue Perspektiven aufzeigen. Empört wies er daraufhin, dass nicht nur der *Kriegsgegner* Schaden angerichtet habe, sondern auch die Gestapo, die in den vergangenen Tagen die beiden Münsteraner Jesuitenniederlassungen und das Haus der Missionsschwestern in Wilkinghege aufgehoben hatte. *Wir müssen uns darauf gefaßt machen, daß in den nächsten Tagen solche Schreckensnachrichten sich häufen: wenn auch hier ein Kloster nach dem anderen von der Geheimen Staatspolizei beschlagnahmt wird, und seine Bewohner, unsere Brüder und Schwestern, Kinder unserer Familien, treue deutsche Volksgenossen, wie rechtlose Heloten auf die Straße geworfen, wie Schädlinge aus dem Land gehetzt werden... Weshalb? Man sagte mir: Aus staatspolizeilichen Gründen! Weitere Gründe werden nicht angegeben. Kein Bewohner dieser Klöster ist eines Vergehens oder Verbrechens beschuldigt, vor Gericht gestellt oder gar verurteilt*[2].

Noch am selben Tag wurden Galens düstere Prophezeiung auch für Gerleve Wirklichkeit. Während der Vesper trafen 50 Gestapobeamte im Kloster ein. Nach dem Gottes-

1 Berlin Bundesarchiv, R 58/5683 (alt ZB I/1115), 4, fol 144 r - 145 r.

2 Clemens August Kardinal von Galen, Predigten am 13. Juli 1941, 20. Juli 1941, 3. Aug. 1941, o.O., (1981), S. 5 f.

dienst erklärten sie dem Abt, dass die Abtei samt Inventar beschlagnahmt und die Insassen aus den Provinzen Westfalen und Rheinland ausgewiesen seien. Bis Mitternacht müsse das Haus geräumt sein. Abt Molitor gab einen entschiedenen Protest zu Protokoll: *Im Namen der Toten, die hier auf dem Gottesacker und in der Kirche ruhen, im Namen der Stifter, die im Vertrauen auf die Loyalität der deutschen Regierungen ihr ganzes Besitztum hingaben und auf ihrem Grund und Boden unser Kloster und Gotteshaus erbauen ließen, im Namen der vielen Mitbrüder, die als deutsche Soldaten an den Fronten ihr Leben für das Vaterland einsetzten, im Namen unserer Mitbrüder, die für Kirche und Vaterland hier seit 40 Jahren arbeiten, und im eigenen Namen erhebe ich Protest gegen dieses Unrecht und behalte mir jede Möglichkeit vor, gegen die Beschlagnahme und Aufhebung bei den zuständigen Behörden Einspruch zu erheben*[1].

Blick nach Westen aus einem Fenster des Nordturms

Auf die wiederholte Frage nach dem Grund dieser Maßnahme hieß es genau so, wie Bischof von Galen es angekündigt hatte: *Staatspolizeiliche Gründe*[2]. Jeder der anwesenden Mönche musste ein vorgedrucktes Schriftstück unterzeichnen, in dem es hieß, daß er um die staatspolizeiliche Beschlagnahme des Klosters, um das Aufenthaltsverbot in Westfalen und Rheinland und um die staatspolizeiliche Strafe bei Nichtbeachtung dieser Maßnahmen wisse. Zur Weiterführung der Verwaltung, für Landwirtschaft und Gartenbetrieb wurden die jeweils zuständigen Mitbrüder *dienstverpflichtet*[3], drei Patres und zwölf Brüder. Versuche, einige Gegenstände sowie den Messwein noch in letzter Minute in Sicherheit zu bringen, wurden von der Gestapo vereitelt.
Gegen 21 Uhr versammelte sich die Kommunität im Kapitelsaal, da sie zum Chor der Kirche keinen Zugang mehr erhielt, und betete die Komplet. Anschließend ermahnte Abt Raphael zum treuen Durchhalten in dieser schweren Prüfung und sagte: *Wir scheiden mit Worten des Segens auf den Lippen, nicht mit Worten des Hasses und Fluches*[4].
Mit der Ausweisung aus den beiden preußischen Provinzen Westfalen und Rheinland hatte niemand gerechnet. Damit waren frühere Überlegungen, im Fall einer Klosteraufhebung vorübergehend bei Verwandten und Freunden Zuflucht zu nehmen, hinfällig. Abt Molitor telephonierte mit dem Osnabrücker Bischof Berning, der sich sofort bereit erklärte, die Ausgewiesenen aufzunehmen. Es war gegen 22.30 Uhr, als die Mönche, nur mit einem Köfferchen mit den nötigsten Utensilien und etwas Bargeld versehen, das Haus verließen. Auf dem Vorplatz der Kirche wartete seit Stunden eine große Menschenmenge, die spontan Kirchenlieder wie *Fest soll mein Taufbund immer stehn* und *O mein Christ, laß Gott nur walten* sang. Einige steckten den Mönchen zum Abschied etwas Geld und Reiseproviant zu. Der Gestapo gegenüber gaben sie ihrer Empörung lauten Ausdruck. Dann fuhren die beiden von der Staatspolizei bereitgestellten Autobusse mit den Ausgewiesenen ab.
P. Paulus Matzerath, der für den Gartenbetrieb dienstverpflichtet werden sollte, wurde im Verlauf der Aktion verhaftet, weil er Messwein hatte sicherstellen lassen, um – laut Schutzhaftbefehl – *das Prestige der Geheimen Staatspolizei vor der Bevölkerung illusorisch und*

1 Die Benediktinerabtei Gerleve 1998, S. 55.
2 Die Benediktinerabtei Gerleve 1998, S. 55.
3 Die Benediktinerabtei Gerleve 1998, S. 55.
4 Die Benediktinerabtei Gerleve 1998, S. 55.

*lächerlich zu machen*[1], ebenso Br. Vitus Hahn, weil einige Mönche in dem von ihm geleiteten Blumenhaus ihre Koffer abgestellt hatten. Schließlich inhaftierte die Gestapo einen 16-jährigen Landwirtschaftsschüler, der mit der Menge *Pfui Gestapo*[2] gerufen hatte. P. Matzerath blieb zwölf, Br. Vitus acht und der Jugendliche sechs Monate lang in Haft.
Am Ende der Fahrt – wegen Fliegeralarm gab es unterwegs eine Unterbrechung – wurden die Mönche in Osnabrück buchstäblich auf die Straße gesetzt. Es war bereits nach Mitternacht. Im Priesterseminar, das wegen der Semesterferien weitgehend leerstand, hatte Bischof Berning in größter Eile 41 Betten bereitgestellt. In wenigen Tagen musste sich dann die Gemeinschaft auflösen und in alle Winde verstreuen.
Bereits am nächsten Tag, dem 14. Juli, informierte Bischof Galen den Münsteraner Diözesanklerus über die Aufhebung Gerleves. Er protestierte bei dem Regierungspräsidenten, der Reichskanzlei, bei Reichsmarschall Göring, dem Oberkommando der Wehrmacht, beim Innen- und dem Kirchenminister sowie am darauffolgenden Sonntag in seiner Predigt in der Münsteraner Überwasserkirche: *Gewiß, wir Christen machen keine Revolution! ... Gegen den Feind im Innern, der uns peinigt und schlägt, können wir nicht mit Waffen kämpfen. Es bleibt uns nur ein Kampfmittel: starkes, zähes, hartes Durchhalten! Hart werden! Fest bleiben! ... Wir sind in diesem Augenblick nicht Hammer, sondern Amboß!*[3]
Angesichts der Unruhe, die die Beschlagnahmung der Klöster in der Bevölkerung hervorrief, machte die Partei einen Rückzieher. Am 30. Juli 1941 teilte Bormann den Gauleitern auf Anordnung Hitlers mit, dass Klosteraufhebungen „*bis auf weiteres*" unterbleiben müssten[4]. Der Gauleiter und Oberpräsident Alfred Meyer rechtfertigte die Aufhebung Gerleves in einem Bericht an die Reichskanzlei am 1. August 1941 so: *In dem Kloster Gerleve bei Münster sind wiederholt Ordensangehörige in staatspolizeilicher Hinsicht hervorgetreten, zum Teil wegen staatsabträglicher und unwahrer Äußerungen über Reichsleiter Rosenberg, zum Teil wegen ihrer Tätigkeit in dem jetzt aufgelösten Bund Neudeutschland, wegen Verstoßes gegen das Sammlungsgesetz und wegen anderer Vergehen. Ferner wurden in diesem Kloster laufend straffällig gewordene Geistliche beherbergt. Darüber hinaus sind die Ordensangehörigen wegen pazifistischer Betätigung und Zersetzungsarbeit in Bezug auf den erhöhten Arbeitseinsatz weitgehend belastet. So wurde u.a. die Arbeiterschaft zur Verzögerung der Arbeit aufgefordert. Ferner wurde von den Ordensangehörigen die Ehre des deutschen Soldaten herabgewürdigt ... Es erübrigt sich nahezu festzustellen, daß die Beschlagnahme durch die Geheime Staatspolizei nicht aus staatspolitischen, sondern aus staatspolizeilichen Gründen ... erfolgt ist.*
Am 1. Februar 1942 wandte sich Abt Raphael Molitor mit der Bitte um Hilfe an Hitlers früheren Vizekanzler Franz von Papen, der inzwischen auf den Posten eines Botschafters in Ankara abgeschoben worden war. Der westfälische Edelmann kannte Gerleve, weil es in der Nähe seiner Heimat lag. Papen schrieb am 13. Februar an den einflussreichen Chef der Reichskanzlei, Reichsminister Hans Heinrich Lammers. Er erinnerte an den Wunsch Hitlers, *daß während des gegenwärtigen Krieges alles vermieden werden sollte,*

1 Die Benediktinerabtei Gerleve 1998, S. 55, 58.
2 Die Benediktinerabtei Gerleve 1998, S. 58.
3 Galen (wie S. 77, Anm. 2), S. 18; Joachim Kuropka - Maria-Anna Zumholz, Clemens August Graf von Galen. Sein Leben und Wirken in Bildern und Dokumenten, Cloppenburg 1992, S. 152.
4 Dierker (wie S. 76, Anm. 1), S. 525.

*was den inneren Frieden und die Geschlossenheit des um seine Existenz kämpfenden deutschen Volkes irgendwie gefährden könnte. Ich möchte annehmen, daß die Behandlung dieses Falles auch diesem Führererlaß unterliegt.* Geschickt erinnerte Papen dann an die von den Nationalsozialisten oft propagandistisch ausgenutzte Freundschaft Hitlers mit dem inzwischen verstorbenen früheren Abt von Prag, Alban Schachleiter: *Der Führer hat ja unter seinen besten Freunden einst einen alten Benediktinerabt gehabt und wird sicher der Ansicht sein, daß in diesem Orden niemals etwas geschehen ist, das gegen die Interessen des Vaterlandes verstoßen hätte. Soweit mir der Abt und die Insassen des Stiftes Gerleve persönlich bekannt sind, kann ich mit gutem Gewissen sagen, daß ich sie einer vaterlandsverräterischen Handlung nicht für fähig halte.* Papen ahnte wohl, dass seine Bemühungen wirkungslos bleiben würden. So fügte der chimärenartige Politiker hinzu: *Wenn im Zuge der gegenwärtigen Auseinandersetzung ein Gesetz ganz allgemein über die Aufhebung von gewissen Klöstern geschaffen wird, dann würde die Beschlagnahme jedenfalls eine gesetzliche Grundlage haben, und es würde möglich sein, den Beteiligten eine angemessene Entschädigung zukommen zu lassen. Die Betroffenen würden dann jedenfalls das Gefühl haben, nach Recht und Gerechtigkeit behandelt zu werden. Eine Beschlagnahme unter fadenscheinigen Gründen macht viel böses Blut und liegt sicher nicht im Sinne des Führers, der alles ausgeschaltet wissen will, was gerade heute die Volksgemeinschaft stören könnte*[1].

Um Papen antworten zu können, bat die Reichskanzlei die Partei-Kanzlei der NSDAP um Auskünfte über die Aufhebung Gerleves. Deren Leiter Martin Bormann listete am 15. Mai 1942 für Lammers eine ganze Liste von Vorwürfen gegen das Kloster auf, die – wenn sie überhaupt wahr gewesen wären – eine Aufhebung eigentlich nicht rechtfertigten: *Die Geheime Staatspolizei hatte bereits seit längerer Zeit bei verschiedenen Ordensangehörigen staatsabträgliche und unwahre Äusserungen, u.a. über Reichsleiter Rosenberg, eine illegale Tätigkeit in dem aufgelösten Bund Neu-Deutschland und Verstöße gegen das Sammlungsgesetz festgestellt.*

*Ferner hatten in der Abtei in der letzten Zeit vor der Beschlagnahme wiederholt straffällig gewordene Geistliche Unterschlupf gefunden, u.a. ein Vikar, der wegen schwerer sittlicher Verfehlungen zu 10 Monaten Gefängnis verurteilt, und ein weiterer Pfarrer, der wegen unzüchtiger Handlungen an Schulkindern festgenommen wurde.*

*Bei der Durchsuchung des Klosters wurden Briefe, Bücher und sonstige Aufzeichnungen vorgefunden, die auf eine pazifistische Betätigung einzelner Klosterinsassen schließen lassen. In einigen Aufzeichnungen wird die Ehre des deutschen Soldaten herabgewürdigt, der als Nichtstuer und Säufer hingestellt wird.*

*Die Überprüfung der Zuteilung von Lebensmittelkarten hat schliesslich ergeben, dass das Kloster für eine Anzahl nicht anwesender Personen Lebensmittelkarten empfangen und verbracht hat.*

*Das Vorgehen der Geheimen Staatspolizei gegen die Benediktinerabtei Gerleve (Westf.)*

1 Berlin Bundesarchiv, R 43 II/1274 a, fol 71 r - 72 r.

*erscheint damit gerechtfertigt*[1].
In einem kurzen Schreiben informierte Lammers Botschafter von Papen über die Vorwürfe gegen die Abtei[2]. Die Staats- und Parteiorgane sahen keinen Grund, die Aufhebung Gerleves in Frage zu stellen.

## Das Schicksal der Klostergebäude

In den verwaisten Klostergebäuden wurde in kürzester Zeit ein Heim der NS-Volkswohlfahrt „Mutter und Kind" eingerichtet. Schwangere Frauen aus dem vom Luftkrieg betroffenen Ruhrgebiet und aus Münster sollten sich hier in Ruhe auf die Entbindung ihrer Kinder vorbereiten und gebären können. Die meisten der in Gerleve geborenen über 800 Kinder empfingen in der Abteikirche die Taufe. Garten, Landwirtschaft und Exerzitienhaus wurden zum „NS-Lehrhof der Hitlerjugend des Gaues Westfalen-Nord" erklärt. Die Schüler und Schülerinnen (Hitlerjungen und Bund Deutscher Mädel) wohnten zusammen im Exerzitienhaus. Immerhin gelang es auf anhaltenden Druck der Nachbarn, allen voran des tatkräftigen Schreinermeisters Bernhard Völker, nach sechs Wochen wenigstens die Kirche für den sonntäglichen Gottesdienst zu öffnen. Zunächst übernahm ein Diözesangeistlicher aus Coesfeld die Gottesdienste, ab dem Herbst 1943 P. Cyrill Berndt aus dem Jerusalemer Sionskloster.
Auf Grund des „Gesetzes über die Einziehung volks- und staatsfeindlichen Vermögens" erging am 15. Januar 1942 eine Einziehungsverfügung des Regierungspräsidenten Münster, gegen die Abt Molitor Protest einlegte. Dennoch wurde zuletzt auf Antrag des Oberfinanzpräsidenten Westfalen vom 1. April 1943 die Reichsfinanzverwaltung des Deutschen Reichs am 21. April 1943 als Eigentümer des Kolonats Wermelt in das Billerbecker Grundbuch eingetragen. Dass sich dabei ein Formfehler einschlich und nicht das Vermögen der „Deutsche Kulturgesellschaft Kolonat Gerleve (Benediktiner-Abtei und Kloster)" GmbH, sondern *des Benediktinerordens, soweit es dem Kloster Gerleve zur Verfügung gestellt war*[3], enteignet wurde, machte die Maßnahme juristisch anfechtbar. Angesichts der Machtverhältnisse hielt der Abt es jedoch für klüger, auf einen weiteren Einspruch zu verzichten.
Kurz vor Kriegsende wurde das Kloster am 11. Februar 1945 in ein Luftwaffenlazarett mit zeitweise 400 Verwundeten umgewandelt. Wiederum gelang es dem entschiedenen Eingreifen der Nachbarn, die Kirche selbst freizuhalten. Im März kamen die Bestände des Coesfelder Stadtarchivs, das selbst kurz darauf den Bomben zum Opfer fiel, vorübergehend nach Gerleve. Die letzte Kriegs- und ersten Nachkriegsmonate brachten große Gefahren. Fliegerangriffe blieben dem Kloster glücklicherweise erspart. Dafür wurde das Exerzitienhaus in der Zeit des Zusammenbruchs geplündert. Nach ihrem Einmarsch am Karfreitag, dem 30. März 1945, übernahmen die Amerikaner das Kloster

1 Berlin Bundesarchiv, R 43 II/1274 a, fol 73 r - 74 r.
2 Berlin Bundesarchiv, R 43 II/1274 a, fol 75 r - 76 r.
3 Archiv des Gerlever Cellerariats.

als Lazarett für Verwundete aller Nationen. Darunter befanden sich auch zwangsverschleppte Russen. Sie litten unter Lungen-Tuberkulose und Unterernährung. Viele von ihnen starben. Die Zahl der Einquartierten stieg auf 1200. Nach dem Abzug der Amerikaner übernahmen Russen die Leitung. In dieser Zeit entstand innerhalb der Klausur ein "Russenfriedhof", wo etwa 200 Menschen ihr Grab fanden. Am 21. August 1945 zogen die Russen ab, um einem polnischen Lazarett Platz zu machen. Erst als dieses aufgelöst wurde, am 23. Mai 1946, erfolgte die treuhänderische Rückgabe der Klostergebäude an den Konvent, obwohl Bischof von Galen dies bereits Anfang Mai 1945 von der britischen Militäradministration gefordert hatte. Fünf Jahre vergingen nach dem Ende der nationalsozialistischen Herrschaft, bis die „Deutsche Kulturgesellschaft Kolonat Wermelt" 1950 im Grundbuch wieder als Eigentümer eintragen wurde.

## Das Schicksal des Konvents

Was aber wurde in den vier Jahren der „Verbannung" aus dem Gerlever Konvent? Er zählte zu Beginn des Jahres 1941 exakt 91 Mitglieder: 37 Patres, 39 Laienbrüder, 14 Triennalprofessen und Novizen sowie einen Klaustraloblaten. Nun waren drei Gruppen zu unterscheiden, nämlich die aus Westfalen und dem Rheinland ausgewiesenen Benediktiner, die zum Wehrdienst eingezogenen Mönche sowie die fünfzehn in Gerleve *dienstverpflichteten* Mitbrüder.

### 1. Mönche in der Verbannung

Die vertriebenen Ordensleute wurden in der Nacht vom 13. zum 14. Juli 1941 nach Osnabrück gefahren, wo sie für kurze Zeit im Priesterseminar Unterkunft fanden. Allen war klar, dass es in dieser Zeit kein anderes deutsches Ordenshaus gab, dass den Gerlever Konvent geschlossen aufnehmen konnte. Der Weg ins Ausland war mitten im Krieg ohnehin verstellt. Die Kommunität musste also in unterschiedliche Richtungen auseinander gehen. Die Patres wurden auf verschiedene Seelsorgestellen in Pfarr-, Kranken- und Ordenshäusern der Bistümer Osnabrück, Fulda, Berlin und Freiburg verteilt. Die Brüder fanden meist in andern Klöstern oder in Krankenhäusern Aufnahme. So weit es möglich war, übernahmen sie dort handwerkliche Aufgaben. Der eine oder andere konnte als Sakristan eingesetzt werden.
Abt Raphael war genötigt, seinen Aufenthalt achtmal zu wechseln. Aus dem Priesterseminar zog er auf Burg Dinklage, wo Graf Galen vielen Ordensleuten großzügig seine Gastfreundschaft anbot. Später siedelte der Abt auf einen Hof bei Oesede, dessen Besitzerin mehrere Mönche aufnahm, dann zu den Benediktinerinnen von Alexanderdorf bei Berlin, von dort aus in die Abtei Neuburg, später für längere Zeit nach Baden-Baden und zuletzt

Russenfriedhof

für acht Monate nach Beuron. Unter großen Kraftanstrengungen übte er sein Amt als Präses der Kongregation weiter aus. Prior Pius Buddenborg dagegen blieb in Osnabrück, wo er am 15. Januar 1942 zum Hausgeistlichen der Benediktinerinnen am Hasetorwall ernannt wurde. Er bemühte sich, den Kontakt zu den Mitbrüdern in Norddeutschland zu halten, stand allerdings unter Beobachtung der Gestapo, die ihn fünf Mal verhörte.

P. Albert Ohlmeyer, der als Seelsorger in der Gemeinde Oesede arbeitete, erhielt in Osnabrück drei Wochen Haft, weil er einigen Soldaten über die Aufhebung des Klosters berichtet hatte. P. Gregor Schwake konnte seine Volkschoralkurse zunächst erfolgreich in Berlin, Süddeutschland und Österreich fortsetzen, obwohl auch diese Tätigkeit von der Gestapo genau beobachtet wurde. Schließlich wurde er am 6. Oktober 1943 bei einer Volkschoralwoche im Linzer Dom verhaftet und am 2. Januar 1944 in Dachau eingeliefert. Auch im dortigen Priesterblock gelang es ihm, sich weiter als Kirchenmusiker

zu betätigen. Er komponierte eine *Dachauer Messe*, die im September 1944 im Konzentrationslager uraufgeführt wurde.
Umgekehrt gelang es dem Regime möglicherweise, einen Mönch für Spitzeldienste zu gewinnen. P. Odo Antoni war 1927 nach Gerleve gekommen, wo er von 1932 bis 1940 als Bibliothekar wirkte. Im Hinblick auf seine journalistische Tätigkeit für verschiedene Kirchenblätter beantragte er 1936, beim „Reichsverband der deutschen Presse" als Hauptschriftleiter eingetragen zu werden. Der stellvertretende NSDAP-Ortsgruppenleiter lehnte ab: *Von dem Kloster Gerleve ... ist bisher noch nichts Gutes gekommen, was weder dem Staat noch der Partei nutzbringend gewesen ist. Ich kann mir auch nicht denken, daß ein Angehöriger des Benediktinerordens Schriften herausgibt, die weder für das Deutschtum noch für unsere Weltanschauung von Nutzen sein könnte[n]. Über seine Person konnte ich keine weitere Auskunft erhalten, aber durch seine Zugehörigkeit zum Orden ist schon eine rein konfessionelle Einstellung bedingt.*[1] Tatsächlich wurde die Aufnahme in die Reichsschrifttumskammer Ordensleuten regelmäßig verweigert, da sie politisch als unzuverlässig galten. Sie mussten ihre Veröffentlichungen deshalb jeweils einzeln genehmigen lassen. Das von P. Antoni betreute „Katholische Familienblatt", in dem er pronazistische und sogar antisemitische Beiträge veröffentlichte, steigerte seine Auflage von 1938: 38 000 auf 1939: 104 000 Exemplare. Im Oktober 1938 geriet P. Antoni in das Visier der Gestapo, weil er mit Ministranten eine nicht erlaubte Wallfahrt nach Vinnenberg unternommen hatte. Er wurde *protokollarisch verwarnt*[2]. Bald nach Kriegsbeginn musste er am 1. April 1940 seine erfolgreiche Tätigkeit als Journalist aufgeben und den Militärdienst antreten. Nach der einmonatigen Grundausbildung konnte er in Münster bleiben und fand in der Schreibstube Verwendung. Im November 1942 traten erste Anzeichen einer Multiplen Sklerose auf. Da der Fortgang der Krankheit nicht aufzuhalten war, wurde er am 27. September 1943 als wehrunfähig aus der Armee entlassen. Sehr geschwächt, übernahm er eine Zeitlang seelsorgliche Aushilfen in einer Gelsenkirchener Pfarrei. Ein Schulfreund, der selbst Geistlicher wurde, erinnerte sich später, dass ihn und P. Antoni *die Zeit des 3. Reiches und erst recht die Kriegszeit ... etwas auseinandergebracht* haben, *räumlich und wohl auch geistig. Von der wohlbehüteten – wenigstens damals noch geschützten – Insel des Klosters sahen sich manche Dinge anders an als von der alltäglichen Kampffront mit den Volksverführern*[3]. Auch in anderen Fällen ist bekannt, dass der Sicherheitsdienst der SS mit Geistlichen, die mit dem Nationalsozialismus sympathisierten, zusammenarbeitete. Die Zahl der Priester, die sich auf diese Weise kompromittierten, blieb insgesamt sehr gering und dürfte im Höchstfall 0,6 % des Klerus betragen haben. Da sie wegen ihrer politischen Einstellung von ihren Mitbrüdern gemieden und von ihren Vorgesetzten von wichtigen Ämtern ferngehalten wurden, hielt sich ihr Informationswert für den Sicherheitsdienst letztendlich in engen Grenzen. Auf diesem Hintergrund ist der Fall von P. Antoni zu sehen. Restlose Klarheit über sein damaliges Verhalten konnte bisher nicht erzielt werden. Das gilt

1 Der Ortsgruppenleiter-Stellvertreter an die Kreisleitung der NSDAP, ohne Ortsangabe 27. Januar 1937; Abteiarchiv Gerleve, Nr. 111.
2 Berlin Bundesarchiv, R 58/6050 fol 432.
3 Pfarrer Egon Schmitt an Clemens Schmeing, Bocholt 26. April 1970; Abteiarchiv Gerleve, Nr. 111.

auch für eine positiv zu bewertende Intervention des Paters. 1941 soll er den Paderborner Erzbischof Lorenz Jaeger vor dem zwielichtigen Moraltheologen Joseph Mayer gewarnt haben, der den Machthabern seine Kenntnisse in Kirchenangelegenheiten angetragen hatte und sehr wahrscheinlich als Spitzel im Dienst der Sicherheitsdienstes stand[1].
Dem widerspricht nicht, dass schon Mitte Mai 1945 gegen P. Antoni der Vorwurf erhoben wurde, einen katholischen Laien unter dem Decknamen *miles* bei der Gestapo denunziert zu haben. Man unterstellte ihm darüber hinaus, im Auftrag der Gestapo auch Geistliche bespitzelt, ja sogar Bischof Galen angezeigt zu haben und brachte seine Beförderung zum Feldwebel der Luftwaffe in diesen Zusammenhang. P. Antoni verteidigte sich nur schwach. Die Bistumsleitung untersagte ihm den Aufenthalt innerhalb des Bistums Münster. Da man ihn auch in Gelsenkirchen nicht länger dulden wollte, nahm er zunächst bei einem Verwandten in Krefeld Quartier. Als sich der Verdacht erhärtete, dass er bereits vor seiner Militärdienstzeit als Denunziant tätig gewesen sei, und in Berlin Berichte eingereicht sowie *an der Bestrafung von Laien und Priestern* mitgewirkt haben soll, forderte ihn Abt Molitor zu restloser Aufklärung auf. Insbesondere fürchtete man, dass P. Antoni seine eigenen Mitbrüder verraten haben könnte. Dieser gestand ein, mit Wehrmachtangehörigen auch über kirchliche Angelegenheiten gesprochen zu haben, stritt aber ab, irgendwen *bewusst* denunziert zu haben. Seine – mit dem Abt damals nicht abgesprochene – Berlinreise sei in Angelegenheiten des „Katholischen Familienblattes“ erfolgt. Der Klosterleitung gelang es nicht, ihn zu einer klaren Aussage zu bewegen. Man gewann den Eindruck, dass er *die Dinge verdrängen* wollte[2]. Am 16. Juni 1946 kehrte er bettlägerig nach Gerleve zurück.
Besonders gefährdet war unter den Gerlever Mönchen P. Philipp Oppenheim. Sein vermutlicher Großvater Abraham Oppenheim war 1829 vom jüdischen zum katholischen Glauben konvertiert. Nach den Ausführungsbestimmungen zu den „Nürnberger Rassegesetzen“ 1935 galt er als *jüdischer Mischling zweiten Grades* und besass deshalb nur ein *vorläufiges Reichsbürgerrecht*, durfte nicht Beamter werden und war von zahlreichen anderen Berufen ausgeschlossen. Für P. Philipp wirkte es sich daher positiv aus, dass er schon seit 1929 in Rom lebte. Dort gelang es ihm, auch die deutsche Besatzung der Ewigen Stadt unbeschadet zu überstehen.
Dem Luftkrieg fiel nur ein Gerlever Mönch zum Opfer. Br. Bernward Plümer fand 1943 eine Anstellung als Domküster in Osnabrück. Bei einem Fliegerangriff am späten Nachmittag des 13. September 1943 wurde er im Dom schwer verwundet. Wenige Stunden danach starb er im Lazarett.

## 2. Mönche an der Front

Im Sommer 1939 ahnte kaum jemand, dass sich der Nationalsozialismus im Krieg selbst vollenden sollte. Auch die wehrtüchtigen Ordensleute mussten sich am Krieg beteiligen,

1 Augustinus Reineke, Erzbischof Lorenz Jaeger als Kirchenführer im Dritten Reich, Paderborn 1995, S. 148 f.
2 Alle Zitate aus dem Archiv der Abtei Gerleve, Nr. 111.

so lange sie nicht ausdrücklich vom Militärdienst befreit waren. Priestermönche konnten diesen Dienst oft auf Schreibstuben oder – wie es Abt Molitor empfahl – als Sanitäter ausüben, während die Brüder in allen Waffengattungen zum Einsatz kamen und so erheblich größeren Gefahren ausgesetzt waren. Schon Ende August 1939 wurden die ersten acht Gerlever Mönche eingezogen. Sechs davon durften jedoch bereits nach wenigen Tagen wieder heimkehren. Drei Brüder, die ohnehin gerade ihren Militärdienst ableisteten, mussten sich Anfang September am deutschen Überfall auf Polen beteiligen. Im Arbeitsdienst befand sich damals der Triennalprofesse Athanasius Korting. Sofort wurde er eingezogen und zum Wege- und Brückenbau abgestellt.

In Gerleve bedeutete der Kriegsbeginn, dass zahllose Fenster verdunkelt werden mussten. Die nächtlichen Gottesdienste feierte man aus Sicherheitsgründen zunächst im Rekreationszimmer. Gleich nach dem Aufstehen am 4. September 1939 zwang der erste Fliegeralarm den Konvent, das Frühoffizium im Luftschutzkeller zu beten. Nach der polnischen Kapitulation am 27. September musste das Kloster *befehlgemäß*, wie der Chronist ausdrücklich vermerkt, in den ersten Oktobertagen eine Woche lang jeden Mittag die Glocken läuten. Zwei Wochen später trafen die ersten polnischen Kriegsgefangenen in der Bauerschaft ein. Zwei von ihnen wurden der Gerlever Landwirtschaft überlassen, wo sie die zum Militärdienst eingezogenen Mönche ersetzen sollten. In der Kapelle des Exerzitienhauses fanden gut besuchte, eigene Gottesdienste für diese Arbeiter statt.

In den folgenden Monaten erhielten immer mehr Mönche die Einberufung. Auch wer seinen Militärdienst leistete, musste ständig mit Spitzeln und Denunzianten rechnen. So wurde fr. Basilius Senger, der noch keine Feierlichen Gelübde abgelegt hatte, als Angehöriger der Luftwaffe im Februar 1942 zweimal von der Erfurter Gestapo verhört, da er einen regimekritischen Text vervielfältigt und verbreitet hatte.

Schon bald forderte der Krieg seine Opfer. Als erster fiel am 24. August 1941 in Estland Br. Gerold Brock. Ein Priester, der als Sanitäter eingesetzt war, stand ihm in seiner letzten Stunde bei. Der Bruder wiederholte dabei mehrmals ein Gebet, worin er *sein Leben aufopferte für die großen Anliegen der Kirche in unserem Vaterland und für unseren Orden.*

Der 33-jährige Br. Bardo Szymczak erlag im darauffolgenden Jahr im Kriegslazarett Polcho bei Nowgorod den Folgen einer schweren Verwundung. Die beiden im Sommer 1942 als Sanitätssoldaten einberufenen Patres Benedikt Oosterkamp und Hildebrand Berning sind seit Januar 1943 an der Ostfront vermisst. Br. Viktor Krüdewagen wurde bei einem Fliegerangriff bei Kursk schwer verwundet und starb am 31. Januar desselben Jahres auf dem Hauptverbandsplatz in Schtschigry. Fr. Athanasius Korting erlebte den Krieg erst in Polen, dann in Frankreich und zuletzt in Russland. Dort fiel er östlich von Loknja am 8. Juli 1943. Br. Engelbert Altena befand sich zur Aushilfe im römischen Kolleg S. Anselmo, als ihn 1943 die Einberufung traf. Wahrscheinlich ist er im Juni

1944 bei den Kämpfen um Witebsk gefallen. Br. Norbert Schäfer wurde als Soldat 1944 beim Vormarsch der Invasionstruppen von der Kanalküste her schwer verwundet und starb am 12. September. Der Novize Br. Altfried Büscher musste 1940 zum Arbeitsdienst und dann zur Wehrmacht. Erst 23-jährig, fiel er vermutlich beim Kampf um Breslau am 18. März 1945. Br. Wigbert Bauer schließlich geriet im Gebiet der unteren Weichsel in russische Gefangenschaft. Auf dem Transport ins Gefangenenlazarett starb er im Juli 1945 an einer schweren Krankheit. Mit insgesamt zehn gefallenen oder vermissten Mönchen verlor der Gerlever Konvent also elf Prozent seiner Mitglieder.
Keiner der Patres war im Zweiten Weltkrieg als Feldgeistlicher tätig, was Ordensangehörigen ohnehin nur bis 1940 möglich gewesen wäre. Erst nach Kriegsende wurden drei Mönche in der Gefangenschaft in die Lagerseelsorge gerufen, nämlich P. Emmanuel Meyknecht 1945–1946 in Lothringen, P. Maurus Ammermann 1945–1948 im Elsass sowie P. Gabriel Heinemann in Belgien und den Niederlanden.

## 3. Dienstverpflichtet in Gerleve

Die beiden Patres, die für Verwaltung und Landwirtschaft in Gerleve bleiben mussten, wurden bereits nach 14 Tagen von ihrem Auftrag entbunden. P. Augustin Hessing kam, *weil er die Bevölkerung aufgewiegelt habe*[1], in Schutzhaft. Gemeint war die Unruhe, die die Bevölkerung angesichts der Aufhebung des Klosters erfasst hatte. Am 10. Oktober 1941 wurde der Geistliche bis zum Ende des NS-Regimes in das Konzentrationslager Dachau gebracht. Landwirtschaftlich erfahren, wurde er dort im Kräutergarten eingesetzt. P. Gabriel Heinemann wurde wegen *unzuverlässiger Verwaltung*[2] entlassen. 20 Mal verhörte ihn die Gestapo. Auch nachdem er von der Wehrmacht eingezogen worden war – seinen Dienst tat er in Münster und Neuenkirchen bei Rheine – musste er sich weitere Belästigungen durch die Gestapo gefallen lassen.
Die für Gerleve dienstverpflichteten Brüder wurden als Handwerker oder in der Landwirtschaft eingesetzt. Sie sollten den Ordensnamen und das Ordensgewand ablegen und sich zivil kleiden. Dem hielten sie entgegen, keine Zivilkleider zu besitzen. Aus Münster kam ein Schneider zum Maßnehmen, der aber vergaß, das Zentimetermaß mitzubringen. Schließlich blieb es beim alten, und die Brüder trugen den Habit bis zum Kriegsende. Die Brüder durften nicht im Kloster wohnen und waren bei zeitweise sehr schlechter Verpflegung dem Landdienst-Lehrhof zugeordnet. Außer ihnen arbeiteten dort ausländische Zwangsarbeiter.
Nachdem von den 13 Mönchen zwei inhaftiert worden waren, wurden andere zum Militär einberufen. 1944 verstarb Br. Gebhard Welte. So befanden sich bei der Befreiung durch die Amerikaner nur noch sieben Brüder in Gerleve. Ihrem Durchhaltevermögen war es zu verdanken, dass der Neuanfang nach dem Krieg schnell erfolgen konnte.

1 Die Benediktinerabtei Gerleve 1998, S. 58.
2 Die Benediktinerabtei Gerleve 1998, S. 58.

# 5. Kraftvoller Neubeginn (1945–1963)

*hodie Pascha est*
*Gregorius Magnus, Dialogorum libri IV, II, 1. 7*

## Wiederanfang

Die kleine Gruppe in der Gerlever Ökonomie fand bald Verstärkung. P. Augustin Hessing wurde aus dem KZ Dachau am 27. März 1945 – also noch vor dessen Befreiung durch die Alliierten – entlassen und begab sich, so schnell es die damaligen Verhältnisse zuließen, in die Heimat. Einen Monat später, am 24. April, tauchte er in Gerleve auf. Bald darauf kam am 5. Mai auch Prior Pius Buddenborg aus Osnabrück. Auf oft abenteuerlichen Wegen quer durch das zerstörte Deutschland trafen immer mehr Mönche ein. Einige wurden in Kriegsgefangenschaft zurückgehalten und sahen Gerleve erst nach Jahren wieder. Als letzter kehrte P. Adalhard Heitmann im September 1949 aus der russischen Kriegsgefangenschaft heim. P. Gregor Schwake übernahm nach seiner Befreiung aus dem KZ zunächst eine kleine Gemeinde in Süddeutschland, bis er sich 1948 wieder in Gerleve niederließ. P. Gabriel Heinemann hingegen hatte in den Kriegsjahren Erfahrungen gemacht, die ihn dem Klosterleben entfremdeten, so dass er in den Dienst der Diözese Aachen überwechselte.

Die Rückkehr Abt Raphael Molitors am 14. August wurde mit einem Te Deum in der Klosterkirche gefeiert. Die Klosterräume blieben jedoch zunächst in russischer Hand. Ein zweites Te Deum erklang, als die letzten Russen am 21. August das Kloster verließen. Nach Anweisung der englischen Militärregierung durften nun zehn Mönche in das Kloster ziehen, um dort Wachdienste zu leisten. Am 25. August erschien ein englisches Vorkommando und beanspruchte das Kloster für ein vom englischen Roten Kreuz geleitetes polnisches Lazarett. Zwar konnten die 10 Mitbrüder zunächst im Kloster verbleiben, mussten es aber nach einem Monat doch wieder räumen. Die jetzt erst zurückkehrenden Mönche wurden aus Platzmangel vorübergehend bei Nachbarn oder in nahe gelegenen Klöstern untergebracht.

Ein Großteil der Klostergebäude stand dagegen weiterhin leer. Um es als Lazarett nutzen zu können, wurden wochenlang täglich 60 Deutsche in Lastautos herbeigebracht, die tagsüber unter Aufsicht des englischen Vorkommandos Aufräumungsarbeiten leisteten. Dabei kamen Berge von Unrat zu Tage. Ende 1945 wohnten unter Oberleitung einer englischen Ärztin in Kloster, Exerzitienhaus und Jugendherberge 100 deutsche und englische Personen als Personal und 200 meist polnische Kranke.

Am 5. Oktober 1945 nahmen die bis dahin Heimgekehrten mit Abt Raphael Molitor in der Ökonomie und im Stifterhaus auf engem Raum die klösterliche Lebensform wieder auf. Im alten Bauernhaus hatten sie ein kleines Oratorium eingerichtet. Fünf bis sechs Mal am Tag stiegen sie den Weg zur Kirche hinauf, um ihre Gottesdienste zu feiern. Ungeachtet aller Veränderungen wollte Abt Molitor das Klosterleben in allem so fortführen, wie er es aus der Vorkriegszeit kannte. Ein Hoffnungszeichen war die Einkleidung eines Postulanten, des ersten seit dem 19. März 1939, am 17. November 1945. Weitere Kandidaten hatten sich bereits gemeldet.

Im Mai 1946 endlich lösten die Engländer ihr Lazarett auf. Am 23. Mai 1946 konnten die Mönche in ihr Kloster zurückkehren. Von der alten Inneneinrichtung war fast nichts übriggeblieben. Immerhin hatte die wertvolle Bibliothek die wirren Zeiten ohne größere Verluste überstanden. Die Nationalsozialisten hatten 1941 zwei Wagen voll Bücher fortgeschafft, von denen sich ein Teil bei Kriegsende in einem Berliner Sammellager des Reichssicherheitshauptamtes wiederfand. Der Plan, sie der Universitätsbibliothek Münster zuzuschlagen, gelangte nicht zur Ausführung. Der Münsteraner Bibliotheksdirektor entnahm zwei Katalogkästen, eine Handschrift und einen Frühdruck, die er im Herbst 1945 zurückerstattete.

Zur Erinnerung an die Vertreibung 1941 und die Rückkehr 1946 entstand 1947 eine neue Pfortentür, deren Reliefs aus der Werkstatt von Prof. Guntermann links die Flucht der hl. Familie nach Ägypten mit der Überschrift in lateinischer Sprache *Sie gingen hin unter Tränen*, rechts die Heimkehr aus Ägypten, eine fröhliche Gruppe mit der Überschrift *und kommen wieder mit Jubel* (Ps 126, 6) zeigten.

## Die drei letzten Lebensjahre Abt Raphael Molitors

Für Abt Raphael Molitor bedeutete die Rückkehr nach Gerleve eine hohe Herausforderung. Es galt nicht nur, das Kloster neu zu möblieren, bewohnbar und funktionstüchtig zu machen. Fast wichtiger noch war es, den Mönchen, die in den Jahren des Kriegs und der Verbannung aus ihrem klösterlichen Lebensprojekt herausgerissen worden waren, wieder Vertrauen in die Tragfähigkeit ihrer einstigen Ideale zu geben. So übernahm es der Abt im Januar 1946, dem Konvent die jährlichen Exerzitien zu halten. Sein Thema „Das benediktinische Mönchtum in der Beuroner Verwirklichung" traf die Problematik genau. Man wollte an der bisherigen Lebensform festhalten, ahnte aber auch, dass in Zukunft Reformen notwendig wären. Zunächst aber galt es, sich auf das 1400-Jahr-Feier des Todes des heiligen Benedikts 1947 vorzubereiten. Mehrere Mönche beteiligten sich an einer Festschrift, die rechtzeitig unter dem Titel: „Vir Dei Benedictus", „Benedikt, der Gottesmann" erschien und auf hohem Niveau Fragen zum Leben und zur Regel des Ordensgründers erörterte. Zum Jubiläum selbst kam am 5. und 6. Juli 1947 mit dem Kölner Erzbischof Josef Kardinal Frings ungewöhnlich hoher Besuch in die Abtei.

Gleich zu Beginn seines Besuches betonte der Kardinal bescheiden, er komme in Vertretung eines Größeren und Würdigeren, nämlich des ein Jahr zuvor verstorbenen Bischofs von Münster, Clemens August Kardinal von Galen. An dessen Stelle wolle er den großen Festtag mit der Abtei des Abtpräses der Beuroner Kongregation feiern.
Zu diesem Zeitpunkt war das Bistum Münster noch immer ohne geweihten Oberhirten. Erst am 19. Juni 1947 hatte das Domkapitel Michael Keller zum Nachfolger Galens gewählt. Als früherer Leiter des Osnabrücker Priesterseminars kannte er den Gerlever Konvent gut. Um sich auf seine Bischofsweihe am 28. Oktober vorzubereiten, zog er sich zu einigen stillen Tagen in die Abtei zurück. So konnte er am 24. Oktober die innerklösterliche Feier zum Goldenen Priesterjubiläum Abt Molitors miterleben.
Trotz seines hohen Alters galt eine Hauptsorge Abt Molitors in dieser Zeit der Zukunft der Beuroner Kongregation, der er noch immer als Präses vorstand. Vor allem musste für die aus Schlesien vertriebenen Grüssauer Mönche eine neue Bleibe gesucht werden. Außer der österreichischen Abtei Seckau trennten sich alle nichtdeutschen Konvente von der Kongregation. In der Abtei St. Matthias in Trier stellte sich der Konvent die Frage, ob es sinnvoll sei, in der Stadt zu bleiben oder ein ehemaliges Kloster in eher ländlicher Umgebung wieder zu besiedeln. Im übrigen hatte sich während der Kriegsjahre, die eine funktionierende Kongregationsleitung fast unmöglich machten, viel Gesprächsstoff angesammelt. So berief Abt Molitor für 1948 ein Generalkapitel in Beuron ein. Dank seiner gründlichen Vorarbeit konnte es erfolgreich durchgeführt werden. Bereits sterbenskrank, unterzeichnete er dessen Beschlüsse. Noch vor Ende des Kapitels starb er am 14. Oktober 1948 in Beuron im Beisein aller Äbte der Kongregation. Er wurde am 19. Oktober im Chor der Gerlever Abteikirche beigesetzt.

## Abt Pius Buddenborg

Der Gerlever Konvent durfte seinen Abt nun zum ersten Mal in geheimer Wahl selbst bestimmen. Große Probleme bereitete das nicht: P. Pius Buddenborg hatte sich in den 13 Jahren seiner Amtszeit als Prior hohen Respekt erworben. In der überaus schwierigen Zeit der Verbannung war es ihm gelungen, die Gemeinschaft innerlich zusammenzuhalten. So war es für viele keine Überraschung, als die Wahl bereits am ersten Wahltag, dem 24. Oktober, auf ihn fiel. Am Fest des hl. Martin, dem 11. November, erteilte ihm Bischof Keller die Abtsbenediktion. Ein Vers aus der Regel des hl. Benedikt (Prol., 21) zierte sein Wappen und unterstrich seine Bereitschaft, sich auf das Wesentliche zu konzentrieren: *Per ducatum Evangelii – unter der Führung des Evangeliums.*
Abt Pius Buddenborg unterschied sich stark von seinem Vorgänger. Ihn prägte die Herkunft aus dem westfälischen Rheine und einer kinderreichen Arbeiterfamilie. Nach dem Eintritt in Gerleve 1923 studierte er in Maria Laach und Rom. 1931 promovierte er in

Abt Pius Buddenborg

S. Anselmo bei seinem Mitbruder P. Anselm Stolz über den Hl. Geist in der Theologie des alexandrinischen Theologen Didymus des Blinden aus dem vierten Jahrhundert. Abt Raphael Molitor beauftragte ihn 1932 mit der Leitung des Noviziats. 1935 übernahm er zusätzlich das Amt des Priors. Vielleicht hätte ihm die ostkirchliche Forschung der Abtei Zugang zu einem Leben im Dienst der theologischen Wissenschaft eröffnet. Seit der Aufhebung des Klosters aber stand sein Leben weitgehend im Dienst an der Gerlever Klostergemeinschaft. Anders als sein Vorgänger im Abtamt zeigte er wenig Begabung für die Lösung kirchenrechtlicher Probleme. Um so stärker interessierten ihn die Grundthemen der benediktinischen Lebensform. Intensiv setzte er sich mit dem Leben und der Regel des hl. Benedikts auseinander. Seine herzliche Wesensart, die allerdings gelegentlich von Zeiten der Schwermut überschattet wurde, gewann ihm viele Freunde. Starke Impulse verdankte er der Jugendbewegung. In diesem Geist konnte er den Reformen, die nun auf Kirche und Mönchtum zukamen, offen begegnen. Westfälische Bodenständigkeit warnte ihn vor leichtfertigen Experimenten. Die von Abt Raphael Molitor empfohlene Christusfrömmigkeit machte er sich auf sehr persönliche Weise zu eigen und verlieh ihr später im Christusmosaik der Abteikirche ein besonderes Gesicht.

## Liturgie

Nach dem Zweiten Weltkrieg setzten sich die Ideen der Liturgischen Bewegung in Deutschland, aber auch in der Weltkirche immer mehr durch. 1951 wandte sich Abt Buddenborg während der Gründonnerstagsliturgie erstmals den versammelten Gläubigen zu. Diese Zelebrationsrichtung galt nun auch an anderen Hochfesten sowie sonntags in der vom Abt gefeierten Messe für die Fratres und Brüder und in den monatlichen Jugendmessen. Gleichzeitig begann man, die Epistel in allen Messen zum Volk hin zu verkünden. Große Wirkung erzielte auch die ebenfalls 1951 erstmals in der Nacht gefeierte Osterliturgie.

Während die Karwoche so an Substanz gewann, verlor das Fronleichnamsfest an Feierlichkeit. Aus theologischen Überlegungen fand die Fronleichnamsprozession 1957 ohne Außenaltäre und erst nach der Vesper statt. 1961 führte sie nicht mehr ins Freie, sondern ohne Beteiligung der Gemeinde nur noch durch das Klaustrum.

## Neugestaltung der Kirche

Zu den ersten Aufgaben des neuen Abtes gehörte es, der Abteikirche ein dem veränderten Zeitempfinden angepasstes Aussehen zu verleihen. Die Vorkriegsrestauration durch Dominikus Böhm hatte sich ja im wesentlichen auf die Westfassade beschränkt. Nach 1945 setzte sich in ganz Deutschland ein vom Bauhaus geprägter, schlichter Stil durch, der auf das Pathos klarer Formen und freier Flächen setzte. So litten die Gerlever Mönche unter ihrer – ohnehin nicht besonders kunstvoll ausgemalten – Kirche, unter den vielen Bildern und Statuen, die sie füllten, darunter, dass die Darstellung des hl. Joseph über dem Hochaltar alle Blicke auf sich lenkte. An einen von den Plänen Rincklakes inspirierten Weiterbau der Kirche war aus finanziellen Gründen nicht zu denken. So begnügte man sich mit einem gründlichen Umbau des Inneren. Die aus den Jahren 1920/21 stammende Ausmalung machte einer helleren Tönung Platz. 1949 wurde der Chorraum durch Hein A. Schäfer neu gestaltet. Der aus Darmstadt stammende Architekt war 1945 nach Coesfeld gezogen. Dort hatte er den Wiederaufbau der kriegszerstörten Jakobikirche geleitet und die Kirchen der neuen Pfarreien St. Laurentius und St. Ludgerus errichtet. In Gerleve setzte er einen neuen Altar aus schwarzem Marmor in die Apsis. Darüber schwebte ein monumentales Mosaik. In ungewöhnlicher Ikonographie zeigte es den auferstandenen Christus. Mit weitausgebreiteten Armen thronte er auf einer angedeuteten Weltkugel, das Leichentuch fiel über die Schultern. Die fünf Wunden waren deutlich zu erkennen. Im Hintergrund erstrahlte statt einer Aureole goldglänzend das Kreuz. Hier begegnete dem Betrachter nicht nur der Gestorbene als Auferstandener, sondern auch ein vornehm herrscherlicher Christus, dessen stille Kraft ebenso in den

Das Innere der Abteikirche 1971-2003 mit dem Apsismosaik (1950) und dem Westfenster (1956) Ludwigs Baurs

Sakristei

offen gezeigten Verwundungen wie im unbeirrten Blick lag. Die Platzierung über dem Hochaltar machte den inneren Zusammenhang vom Kreuzesopfer, das in der Messe gegenwärtig wird, und der Osterbotschaft deutlich. Vielen Besuchern der Abteikirche – jungen wie alten – gelang es dank dieses Bildes, mit Christus in ein stilles Zwiegespräch einzutreten. Andere störten sich an der allzu nordisch-heldischen Darstellung, die gelegentlich sogar Erinnerungen an die offizielle Kunst des Dritten Reiches weckte.
Der Entwurf dieses Kunstwerks soll auf intensive Gespräche zwischen Abt Pius Buddenborg und dem in Telgte lebenden, aus Süddeutschland stammenden Künstler Ludwig Baur zurückgehen. Aus Sparsamkeitsgründen konnte es 1950 nur als „Halbmosaik" ausgeführt werden, erzielte aber auch in dieser Technik seine volle Wirkung. Es ist oft auf Karten und Andachtsbildchen reproduziert worden. Ludwig Baur erhielt weitere Aufträge: So schuf er für den Chor ein eigenartiges Abschlussfenster, sowie Mosaike für die Marienkapelle (1954/55) und Anfang der siebziger Jahre für den südlichen Chorabschluss.
Mit der Vollendung dieser Umbauarbeiten hielt Abt Pius Buddenborg die Zeit für gekommen, die noch immer nicht geweihte Kirche feierlich konsekrieren zu lassen. Am 27. August 1950 vollzog Bischof Michael Keller den überaus aufwändigen, aber auch besonders eindrucksvollen Ritus.

Marienkapelle 1955-2003 mit dem Mosaik Ludwig Baurs

Dennoch entsprach das Resultat noch immer nicht den puristischen Ansprüchen der Nachkriegzeit. Die letzten Reste der farbigen Fassung an den Säulen, Pfeilern, Bögen und Gewölberippen wurde 1956 mit einem Sandstrahlgebläse entfernt. Nur die verputzten Flächen der Wände und Deckengewölbe, hinter denen sich unscheinbares Mauerwerk verbirgt, trotzten der Aktion und blieben grau bzw. blau. Zufrieden vermerkte man, dass überall sonst nun endlich „der Naturstein zur Geltung" kam. Für die Zukunft hoffte man, den Kirchbau ganz vollenden zu können und wollte bei dieser Gelegenheit sogar eine Krypta anlegen.

## Ausbau des Klosters und Sanierung des Exerzitienhauses

Noch immer besaß die Abtei keine wirkliche Sakristei. Gerleves damaliger „Hausarchitekt" Hein A. Schäfer, der mit dem Cellerar P. Augustin eng zusammenarbeitete, errichtete sie 1954 in östlicher Fortsetzung des unvollendeten nördlichen Kreuzgangflügels , *den sie um drei große Joche* erweiterte. *Die gemauerten Gewölbe* waren *nach echt romanischer Weise ohne Rippen belassen, die Fensterbögen einfach gehalten*. Das – wie diese Formulierungen aus der Chronik bezeugen, nicht im neoromanischen Stil

Rincklakes, sondern aus dem modernen Stilempfinden der Zeit des Wiederaufbaus errichtete – Gebäude konnte, sollte eines Tages der noch fehlende Ostflügel des Klosters gebaut werden, als Teil des Kreuzgangs dienen. Das war vorausschauend, denn die Vollendung des Ostflügels kam früher als gedacht. Als Wiedergutmachung für die Vertreibung erhielt die Abtei nämlich aus staatlichen Mitteln einen Betrag, der weitere Baupläne möglich machte. Nachdem am Pfingsttag 1959 der erste Spatenstich getan war, erfolgte am Kirchweihtag, dem 27. August, die Grundsteinlegung für den Ostflügel. Nach viermonatiger Bauzeit bereits feierte der Konvent das Richtfest. Im Frühjahr 1960 bezog er den modern gestalteten Neubau. Das stattliche Gebäude enthielt eine großzügige Sakristei, darüber auf zwei Stockwerken die funktional eingerichtete Bibliothek für etwa 140 000 Bände sowie in zwei weiteren Etagen zwanzig zusätzliche Zellen. Für die älteren Mönche wurde ein Aufzug eingerichtet.
Seit Vollendung dieses Bauabschnittes zieht sich um den Innenhof der vier Meter breite Kreuzgang, begrenzt von Kirche, Sakristei, Refektorium und Verwaltung. In der Mitte des Kreuzgartens steht seit 1915 ein 5 1/2 m hohes Kreuz des Kevelaerer Bildhauers Augustin Dierkes im irokeltischen Stil aus fränkischem Muschelkalk.
Eine kleine, aber wichtige Baumaßnahme erfolgte 1961. Die Abtskapelle im ersten Stock des Südflügels erhielt eine völlig neue Innenausstattung durch den Architekten Wilhelm Horsten aus Kevelaer. Während dabei die Ausmalung von P. Laurentius Görtz verlorenging, gewann der Raum an meditativer Kraft. Auf dem freistehenden Travertinaltar befindet sich seither der vom Architekten gestaltete Tabernakel .
Fast das gesamte Exerzitienhaus wurde nach Kriegsende für caritative Zwecke zur Verfügung gestellt. Es beherbergte bis Mitte Mai 1951 das Altersheim der Stadt Coesfeld. Betreut von schlesischen Marienschwestern fanden hier viele Heimatvertriebene aus dem Osten eine vorübergehende Bleibe. Anschließend wurde das Haus 1951 umfassend saniert und umgebaut. Am 13. August 1951 lösten Josephsschwestern der Dänischen Provinz die Marienschwestern ab. Seither stand die Ludgerirast endlich wieder vollständig für Exerzitien zur Verfügung. Für das Jugendheim konnte 1951/52 ein zusätzlicher Neubau errichtet werden.

## Landwirtschaft

Ab 1953 erfolgte auch eine gründliche Modernisierung der landwirtschaftlichen Gebäude. Einige baufällige Schuppen mussten abgerissen und durch Neubauten ersetzt werden. Der Wermelthof selbst blieb unverändert. Mit seiner ruhigen Giebelfront und dem gegenüberliegenden, dreistöckigen alten Speicher wahrte das Ensemble den Charakter eines typisch westfälischen Bauernhofes.
In den ersten Nachkriegsjahren bis zur Währungsreform 1948 konnten die notwendi-

Die 1961 neu gestaltete
Abtskapelle

gen Grundnahrungsmittel für den Konvent nur durch die eigene Landwirtschaft gesichert werden. Im Herbst 1946 und erneut 1947 war es deshalb nötig, die Obstbäume Tag und Nacht zu bewachen, um sie vor Plünderung zu schützen. Immerhin fiel die Ernte 1946 dann so gut aus, dass auch einiges abgegeben werden konnte. Im Frühjahr 1947 setzten die Jungpflanzen der Gärtnerei gut an und wurden zu Tausenden an Kleingärtner der Umgebung verkauft. Die Obsternte dieses Jahres enttäuschte, während die Getreideernte zufriedenstellte. *Den ausnehmend guten Gesundheitszustand des Viehs* – so berichtete die Klosterchronik – führte *P. Augustin gleich andern erfahrenen Züchtern auf die zwangsweise knappe Kunstdüngung zurück*. Tatsächlich erkannte P. Augustin Hessing früher als viele andere die Vorteile ökologischer Anbaumethoden. Um die Erträge zu steigern, suchte er nach guten Möglichkeiten, die Bodenqualität zu verbessern. Anfang der fünfziger Jahre entwickelte er ein neues Kompostierungsverfahren: Regenwürmer verwandelten die Kompostabfälle in hochwertigen Humusboden. Die – nach P. Hessings Ablösung als Cellerar 1972 patentierte – Idee bewährte sich auch in der Praxis und fand in der Fachpresse viel Aufmerksamkeit. Gleichzeitig modernisierte die Abtei ihre Landwirtschaft, indem sie mehrere Maschinen anschaffte. 1953 errichtete sie nach Plänen des Coesfelder Architekten Schäfer nördlich des alten Wermelthofes ein 60 m langes Gebäude mit Stellplätzen für den landwirtschaftlichen Fuhrpark und einer eigenen Schmiede. Von dem Plan, das gesamte Klostergelände mit einer Klausurmauer zu umgeben, konnte nur der Torbogen an der Hofeinfahrt realisiert werden. Die für die Landwirtschaft zuständigen Mönche blickten optimistisch in die Zukunft. Noch 1960 ließen sie für den Kuhstall zwei moderne Hochsilos mit je 80 $m^3$ Fassungsvermögen errichten, zu denen 1961 noch zwei kleinere à 75 $m^3$ hinzugefügt wurden.

## Verantwortung in der Diözese

Rasch zeigte sich, dass die vielen Diözesanpriester, die in der einen oder anderen Position am Zweiten Weltkrieg teilgenommen hatten, besonderer Aufmerksamkeit bedurften, um ihre Erlebnisse zu verarbeiten und sich für die Nachkriegsentwicklungen in Kirche und Gesellschaft zu öffnen. Für diesen Personenkreis bot die Abtei deshalb in Absprache mit dem Bistum Münster seit 1947 besondere Exerzitien an. Ziel war es, alle am Krieg beteiligten Geistlichen zu erfassen. Die Leitung übernahm Prior Buddenborg. An drei Tage strenger Exerzitien schlossen sich jeweils drei freiere Tage an, an denen Professoren der Theologischen Fakultät Münster und P. Leo von Rudloff über besondere Fragen referierten.

Noch bevor dieses Projekt abgeschlossen war, führte der Führungswechsel im Bistum Münster 1947 und in der Abtei Gerleve 1948 zu neuen Impulsen in der Zusammenarbeit. Weil Bischof Keller die Priesterseelsorge für eine der vornehmsten Aufgaben der einzigen Benediktinerabtei in seiner Diözese hielt, befürwortete er das starke Engagement Gerleves bei Priesterexerzitien. Vor allem aber stellte er sich den Anliegen der „Liturgischen Bewegung", der der deutsche Episkopat vor 1939 eher kritisch gegenüber gestanden hatte. Ende Januar 1950 rief er eine „Liturgische Tagung der Diözese Münster" zusammen. Diese tagte mit 20 geladenen Gästen im Gerlever Exerzitienhaus. Der Bischof selbst stand dem Treffen vor, bei dem Abt Buddenborg ein vielbeachtetes Referat *über die Teilnahme der Gläubigen am heiligen Opfer* nach der Enzyklika „Mediator Dei" hielt.

## Verantwortung für andere Klöster

Ohne dass es von der Gemeinschaft so geplant war, wurde Gerleve auch nach dem Zweiten Weltkrieg immer wieder in der einen oder anderen Form in die Verantwortung für andere Klöster gerufen. Fortgesetzt wurden selbstverständlich die vielen Exerzitienkurse, die einzelne Patres in anderen Klöstern hielten. Andere Bitten um Unterstützung bewiesen das Vertrauen, das Gerleve im Orden besaß. Sie konnten die personellen und sonstigen Möglichkeiten des Konvents aber auch stark belasten.

### 1. Grüssau

Das Kriegsende führte dazu, dass viele Deutsche ihre Heimat fluchtartig verlassen mussten. Am 12. Mai 1945 wurden 16 deutsche Mönche aus der schlesischen Abtei Grüssau vertrieben, nur vier nichtdeutsche Brüder und Patres durften dort bleiben. Nach dem sie sich am Tag zuvor angekündigt hatten, trafen 14 von ihnen am 20. Mai in Gerleve ein. Hier fanden sie vorübergehend in den eigentlichen Klostergebäuden Platz. Sie übernahmen Arbeiten in Seelsorge, Haus und Garten. Für den Grüssauer Konvent, der 1945 noch 47 Mönche zählte, begann eine Zeit schwerer Prüfungen. Kein deutsches Kloster konnte die Gemeinschaft aufnehmen. So verteilte sich die Kommunität auf sechs Klöster. Verzweifelt suchte Abt Albert Schmitt in Westdeutschland nach einem Ort, wo er die Gemeinschaft wieder sammeln konnte. Niemand wusste, ob nicht auch eine Rückkehr nach Grüssau möglich wäre. Erst im Sommer 1947 klärte sich die Lage. Die Grüssauer Kommunität fand in dem einstigen Ritterstift St. Peter in Bad Wimpfen am Neckar eine neue Bleibe. Nach den nötigen Instandsetzungsarbeiten konnte das monastische Leben dort wieder in gewohnter Form aufgenommen werden.

## Wissenschaft

Trotz der schwierigen Situation der ersten Nachkriegsjahre blieben Gerlever Mönche auch im Bereich der kirchlichen Wissenschaft präsent. An der römischen Benediktinerhochschule S. Anselmo, die ihren Betrieb auch während der Kriegsjahre aufrechterhielt, lehrten noch immer P. Gerhard Oesterle und P. Philipp Oppenheim. Letzter übernahm 1945 einen zusätzlichen Lehrauftrag an der Päpstlichen Lateranuniversität. Außerdem unterrichtete er am Kolleg der Propaganda Fide-Kongregation. Im gleichen Jahr 1947, in dem Papst Pius XII. seine vielbeachtete und bahnbrechende Liturgieenzyklika „Mediator Dei“ veröffentlichte, berief er P. Oppenheim als Konsultor an die Ritenkongregation. P. Matthäus Rothenhäusler wurde zwar 1952 als Professor der Kirchengeschichte und Patristik in S. Anselmo entpflichtet, erhielt aber als Achtzigjähriger 1954 die theologische Ehrendoktorwürde von S. Anselmo. Da das Kloster sein Engagement für die Ostkirchenarbeit nicht wieder aufnahm, stellte P. Hieronymus Engberding seine Kenntnisse als Orientalist in den Dienst der Universität Münster, an der er von 1950 bis 1959 einen Lehrauftrag übernahm. P. Adalhard Heitmann, der erst 1949 aus russischer Kriegsgefangenschaft heimkehren konnte, wirkte in Gerleve einige Jahre als Bibliothekar, bevor er 1956 als Philosophieprofessor nach S. Anselmo ging, wo er vierzehn Jahre lang dozierte.

Wie bereits Abt Molitor legte auch Abt Buddenborg Wert auf eine gediegene wissenschaftliche Ausbildung der Mönche. Die hohe Zahl von Neueintritten machte es möglich, junge Priester immer wieder zur Promotion freizustellen. 1950 erlangte P. Radbert Kerkhoff, der die Arbeit an seiner Promotion während des Kriegs für fast vierzehn Jahre unterbrechen musste, in S. Anselmo den Doktor mit einer gelungenen Untersuchung über das immerwährende Gebet im Neuen Testament. Von der jüngeren Generation erwarb als erster der Historiker P. Basilius Senger den Doktorgrad in Bonn. In S. Anselmo wurden dann promoviert 1957 P. Raphael Schulte mit einer theologiegeschichtlichen Arbeit, 1959 in Moraltheologie P. Clemens Schmeing, 1963 in der Philosophie P. Ansgar Paus und 1964 in der Patrologie P. Winfrid Cramer. Weitere Mitbrüder befanden sich in der Vorbereitung ihrer Doktorarbeiten. Andere setzten nach der Promotion die wissenschaftliche Ausbildung fort. Damit war die Abtei in hervorragender Weise auf die neuen Herausforderungen vorbereitet, die die vom Zweiten Vaticanum ausgelösten Diskussionen mit sich brachten.

Karfreitagsliturgie 2003

# 6. Maßvolle Reformen (1964 –1990)

*nova meditari*
*Gregorius Magnus, Dialogorum libri IV, II, 2.3*

## Das Zweite Vatikanische Konzil

Die Vorbereitungszeit des Zweiten Vatikanischen Konzils wurde in Gerleve mit besonderen Gebeten begleitet. Damals vermutete man, dass die Ökumene in der Synode eine ganz hervorragende Rolle spielen würde. Deshalb vermerkte der Chronist 1961: *Als stummes Gebet für die Einigung aller Christen in der einen wahren Kirche brennt seit Fronleichnam an allen Donnerstagen von früh bis spät eine Kerze vor dem heiligen Joseph.*
Um sich über das Konzilsgeschehen zu informieren, war man auch in Gerleve auf die üblichen Medien – Presse, Rundfunk und Fernsehen – angewiesen. Insbesondere die gründlichen Berichte der „Katholischen Nachrichtenagentur" wurden aufmerksam gelesen. 1963 gab es Informationen aus erster Hand, als sich der Essener Prälat Gerhard Fittkau, der das deutschsprachige Konzilspressebüro leitete, in Gerleve aufhielt.
Die in S. Anselmo lebenden Mitbrüder besaßen durch persönliche Kontakte zu Konzilsteilnehmern etwas bessere Informationsmöglichkeiten, konnten dort aber auch leicht Opfer der zahllosen Gerüchte werden. Von den Gerlever Mönchen war nur P. Gerhard Oesterle an den Konzilsvorbereitungen beteiligt. Papst Johannes XXIII. hatte ihn 1960 zum Konsultor der Kommission für die Verwaltung der Sakramente berufen. Einige Arbeitsergebnisse dieser Kommission stießen bei Kardinal Bea auf entschiedene Kritik. Das von ihr dem Konzil vorgelegte Schema über das Ehesakrament spielte bei der Erarbeitung der endgültigen Texte keine große Rolle. Weder P. Oesterle noch sonst einer der Gerlever Professoren oder Abt Buddenborg nahmen am Konzil selbst teil. Die Präsides der Beuroner Kongregation, bis 1960 Abt Bernhard Durst, dann Erzabt Benedikt Reetz, gehörten zwar aufgrund ihres Amtes zu den Konzilsvätern, konsultierten die anderen Äbte in dieser Angelegenheit jedoch nicht. Dennoch verfolgte man das Konzil auch in Gerleve mit großer Hoffnung. Die Zeremonie der Konzilseröffnung sah sich der Konvent im – erstmals in der Chronik erwähnten – Fernsehen an. Als der deutsche Kurienkardinal Augustin Bea am 9. April 1962 in Essen über „das Konzil und die Einheit der Christen" sprach, fuhr Abt Buddenborg in Begleitung zweier Mönche dorthin, um sich zu informieren. Umgekehrt hielt P. Basilius Senger, der über einen ausgeprägten Sensus für aktuelle Themen verfügte, an vielen Orten Vorträge über das Konzil.
Der Tod Papst Johannes XXIII. am 3. Juni 1963 erschütterte die Welt und schien die

Zukunft des Konzils in Frage zu stellen. Die Gerlever Mönche beobachteten die Berichte über die Wahl und den Amtsantritt des Nachfolgers Paul VI. im Fernsehen, das offenbar schon einen festen Platz im Klosteralltag hatte.

## Personalentwicklung

Die positive und ruhige Herangehensweise an die vom Konzil angestoßenen Reformen stärkte das Ansehen der Abtei in einer Zeit, in der viele Klöster eine Krise durchlebten. 1961 zählte Gerleve 70 Mönche, allerdings nur einen Novizen. Vielleicht war es die vom Konzil ausgelöste Euphorie der katholischen Bevölkerung, die die Zahl der Novizen 1962 auf vier ansteigen ließ. 1966 betrug sie noch einmal drei, sonst aber gewöhnlich nur ein oder zwei. 1969 und 1970 gab es zeitweilig sogar überhaupt keinen Novizen. Erst nach dem Abtswechsel 1971 änderte sich die Lage allmählich: 1975 befanden sich fünf Novizen in Gerleve, eine Zahl, die später nur einmal übertroffen wurde. Nachdem das Noviziat 1977 und 1978 leer stand, lebten dort – gleich nach dem Pontifikatswechsel in Rom – 1979 sechs Novizen. In den achtziger Jahren schwankte die Zahl zwischen zwei und maximal vier.

So brauchte sich der Konvent keine existenziellen Zukunftsängste zu machen. Mit etwa 70 Mönchen stand Gerleve gut da. Als das Priorat Nütschau 1975 selbstständig wurde, gab Gerleve dorthin zehn Mönche ab. Die Einbuße wurde bald wieder ausgeglichen und 1983 gehörten dem Konvent erneut wie Anfang der sechziger Jahre 71 Mönche an. Seitdem sank die Zahl langsam, aber kontinuierlich. 1989 betrug das Durchschnittsalter der Mönche nur noch 43,81 Jahre.

Obwohl Gerleve so nach Beuron und Maria Laach das drittgrößte Männerkloster der Beuroner Kongregation war, stand es in Wirklichkeit doch weniger kräftig da, als die Zahlen vermuten ließen. Einige Mönche lebten nämlich nicht mehr ständig im Kloster, sondern aus beruflichen Gründen an anderen Orten. Zu den Mitbrüdern, die in S. Anselmo unterrichteten, kamen nun auch Berufungen an andere Hochschulen. Einige Patres übernahmen Aufgaben in Pfarreien oder der Sonderseelsorge. Der Anteil der dauerhaft außerhalb eines Klosters wohnenden bzw. tätigen Mitbrüder stieg langsam, aber nachhaltig.

Das zahlenmäßige Verhältnis zwischen Priestern und Nichtpriestern unterlag in der Nachkonzilszeit nur leichten Schwankungen. Dem Konvent gehörten stets etwa doppelt so viele Priester wie Nichtpriester an. Im Verhältnis zwischen beiden Gruppen ergaben sich jedoch erhebliche Veränderungen. Da die Laienbrüder in Zukunft immer mehr am Chorgebet teilnehmen sollten, profitierten sie 1965 auch von einer Choralwerkwoche, die der hochangesehene französische Gregorianikfachmann P. Eugène Cardine aus der französischen Abtei Solesmes dem Konvent hielt. Im gleichen Jahr war es gelungen, wie schon von Anfang an den Priestermönchen nun auch allen Brüdern eine „Einzelzelle“ zur Verfügung zu stellen. Der Brüderschlafsaal gehörte endgültig der Geschichte an. Weitere Änderungen brachte die erste Session des 17. Generalkapitels der Beuroner Kongregation im Frühjahr 1966: Die Nichtpriester erhielten nun wie die Priestermönche das klösterliche Gebetsgewand, die Kukulle, der bei dieser Gelegenheit eine moderne, etwas vereinfachte Form gegeben wurde. Parallel zum Seniorat der Priester, dem zentralen Beratungsorgan des Abtes, existierte bisher ein Brüderseniorat. Erst das 17. Generalkapitel verlieh allen Brüdern der Kongregation 1967 die vollen Rechte im Kapitel ihrer jeweiligen Klöster. Seit 1969 gibt es in Gerleve nur noch ein einziges Seniorat, dem Brüder und Priester angehören.

Inzwischen hatte die Kongregation die Einheitlichkeit ihrer Bräuche und Ordnung weitgehend aufgegeben. Damit konnten die einzelnen Klöster nun auch einen zu ihrer Situation passenden Tagesablauf einführen. In Gerleve stand hierbei der Wunsch im Vordergrund, den vielbeschäftigten Brüdern die volle Teilnahme am Offizium zu ermöglichen. Statt um 4.00 Uhr begann der Tag seit 1969 um 5.00 Uhr. Die Werktagsvesper wurde auf 18.00 Uhr verlegt. Die Komplet schloss den Tag um 20.00 Uhr. Während die Brüder nun problemlos die Vesper und Komplet mitfeierten, dauerte es noch bis 1972, bis sie auch an Matutin und Laudes teilnehmen konnten. Das gelang, weil die Psalmodie dieser Offizien nun auf deutsch rezitiert wurde. Der Tagesablauf wurde – wegen der zahlreichen Kurse in den Bildungshäusern – noch einmal korrigiert und sah nun an Wochentagen so aus:

5.20 Uhr Vigilien und Laudes
8.45 Uhr Terz
9.00 Uhr Hl. Messe
12.00 Uhr Sext
13.15 Uhr Non
17.30 Uhr Vesper
20.00 Uhr (später 20.15 Uhr) Komplet.

Diese Zeiten bewährten sich so gut, dass sie auch mehr als dreißig Jahre später noch Gültigkeit haben.

Durch die regelmäßige Teilnahme der Brüder am Chorgebet wurde auch eine Erweiterung des Chorgestühls notwendig, die im Zusammenhang mit der Neuordnung des Altarraums 1971 erfolgte. Um die theologisch-spirituelle Fortbildung der Brüder zu sichern, veranstaltete die Erzabtei Beuron seit 1969 regelmäßige Brüdertreffen, die auch von Gerleve aus gut besucht wurden. Die institutionelle Gleichstellung der Brüder verlief relativ schnell. Mehr Zeit benötigte der Abbau von jahrzehntelang aufgebauten Vorbehalten auf beiden Seiten. Als jedoch immer wieder auch Priester handwerkliche und häusliche Arbeiten übernahmen und sich umgekehrt Brüder an Seelsorgsaufgaben und dem Ausbau der Bibliothek beteiligten, kam es zu einer völlig unkomplizierten, selbstverständlichen Form des Zusammenlebens.

Das neue Miteinander erforderte auch neue Formen des Umgangs. Bei besonderen Anlässen verließ der gesamte Konvent ab 1970 für das Abendessen das Refektorium und speiste gemeinsam im Rekreationszimmer. Dort war es dann bei einem festlichen Abendessen auch möglich, sich zu unterhalten. *Die ungezwungene Form sprach allgemein an*, urteilte der Chronist. Im darauffolgenden Jahr ging man dazu über, auch die zweimal täglichen Rekreationen nach dem Mittag- und Abendessen gemeinsam durchzuführen.

In der innerklösterlichen Rangordnung – in der die Brüder bisher en bloc auf die Priestermönche folgten – rangierten die Nichtpriester erst seit Ende der 70er Jahre entsprechend ihrem Eintrittsdatum zwischen den anderen Konventualen. Einen Höhepunkt erreichte diese Entwicklung, als Abt Clemens Schmeing Ende 1990 Br. Konrad Rensing zum Subprior ernannte. Damit erlangte erstmals in der Geschichte der Beuroner Kongregation ein Nichtpriester dieses Amt.

## Rechtsträger, Finanzentwicklung und Landwirtschaft

Das NS-Regime hatte es bei der Klosteraufhebung versäumt, die Gerlever GmbH zu löschen. Auch der eingetragene Verein überdauerte den Krieg. Die Währungsreform änderte nichts an der Schuldenlast der Abtei. In der Eröffnungsbilanz der GmbH 1948 bildeten die Schulden einen gewichtigen Posten. Nun stellte sich die Frage nach der Nützlichkeit der „Deutsche Kulturgesellschaft Kolonat Wermelt GmbH“ in einem neuen Licht. Schon damals gab es Pläne, die Verwaltungsstruktur zu vereinfachen und die GmbH aufzulösen, zumal der Grundbesitz der Abtei im Grundbuch noch immer auf das Deutsche Reich eingetragen war. Das änderte sich jedoch 1950: Die GmbH trat wieder als Eigentümer des Kolonats Wermelt auf. Fünf Jahre später erfolgte endlich eine Satzungsänderung, um die Gemeinnützigkeit klarer herauszustellen. Verfolgte die GmbH bis dahin ausschließlich kulturelle Ziele, so sollte sie sich nun der „Beschaffung und Bereitstellung von Grundbesitz für den unmittelbar und ausschließlich kirchlichen, gemeinnützigen und mildtätigen Zwecken dienenden Verein ‚Vereinigung (Kloster) der Benediktiner zu St. Josef in Billerbeck e.V.‘“ widmen. Neue Probleme ergaben sich, als der Gesetzgeber 1973 plante, GmbHs zur Veröffentlichung ihrer Jahresbilanz zu verpflichten. Die noch immer verschuldete Abtei fürchtete einen Ansehensverlust und hielt es deshalb für geraten, die Auflösung ihrer GmbH einzuleiten. Das hätte jedoch eine Reihe von Kollateraleffekten ausgelöst, die es zu vermeiden galt. So blieb die GmbH noch lange bestehen.

Arbeit in der Klosterverwaltung und im Garten

Gleichzeitig gewann der e.V. für die Verwaltung des Klostervermögens immer größere Bedeutung. 1973 erhielt er eine modernisierte Satzung und den neuen Namen „Verein der Benediktiner zu Gerleve", der 1984 durch die noch einfachere Formulierung „Benediktinerabtei Gerleve e.V." ersetzt wurde. Nachdem das Grundstück 1989 von der GmbH auf den Verein übertragen worden war, führte die GmbH ein Schattendasein, bis sie am 13. März 1998 endgültig liquidiert wurde. Seitdem ist der e.V. alleiniger Rechtsträger des Klosters.

Parallel dazu liefen seit den sechziger Jahren Bemühungen, die Abtei vollkommen schuldenfrei zu machen. Dieses Ziel wurde – mit Ausnahme eines überaus zinsgünstigen Kredits, der noch bis 1997 lief – bereits unter Abt Pius Buddenborg erreicht. Die Äbte Clemens Schmeing und Pius Engelbert setzten die vorsichtige Finanzpolitik ihres Vorgängers fort. Durch Verkoppelung und Austausch betrug der Grundbesitz des Klosters zuletzt 61 Hektar und 4479 $m^2$.

Auch in der zweiten Hälfte der sechziger Jahre investierte das Kloster bedeutende Summen in die Modernisierung der Landwirtschaft. Damit reagierte es sowohl auf einen allgemeinen, staatlich geförderten Trend wie auch auf die geringer werdende Zahl der Laienbrüder, die in diesem Bereich arbeiteten. Weil der Schwerpunkt in der Milch- und Schweinewirtschaft lag, erneuerte und erweiterte man die Silos und die Ställe nach den neuesten Erkenntnissen. Mit nur 19 Kühen erzielte das Kloster 1966 eine Jahresleistung von 104 000 Litern Milch. Frühzeitig spürten aber auch die Gerlever Mönche die Veränderungen auf dem nun europäischen Lebensmittelmarkt. 1965 stellten sie den Anbau und Verkauf von Freilandgemüse ein, da er sich nicht mehr lohnte. Als der Nachwuchsmangel bei den Brüdern dazu führte, dass 1969 auch die Arbeit im Kuhstall an Angestellte abgegeben werden musste, ahnte niemand, dass diese Lösung nicht den Niedergang dieses Betriebs infolge der volkswirtschaftlichen Gesamtentwicklung aufhalten konnte. 1973 trennte man sich von der Rinderhaltung. 20 Hektar Weidefläche – fast die Hälfte der gesamten landwirtschaftlichen Nutzfläche des Klosters – verpachtete das Kloster an zwei Nachbarn. Man hoffte, wenigstens die für das Münsterland so typische Schweinezucht halten zu können. Diese schien mit gut 40 Zuchtsauen und 250 Mastschweinen gut dazustehen. Als 1974 ein Bruder krankheitsbedingt aus der Landwirtschaft ausschied und dafür im Grunde nur noch ein einziger Mönch vollständig zur Verfügung stand, kam es noch einmal zu einer Umgruppierung. Br. Wendelin Harms übernahm nun die gesamte Arbeit im Schweine- und im Kuhstall. Beide wurden erheblich verkleinert. Aber bereits 1975 folgte ein weiterer Schnitt: Wie im Jahr zuvor in der Schweinezucht auf die Mastzucht verzichtet worden war, so trennte sich das Kloster nun von der Milchproduktion und konzentrierte sich ausschließlich darauf, Kälber aufzuziehen. Man hoffte, damit die Grundlagen für einen rentablen Betrieb gelegt zu haben und riss zwei überflüssig gewordene Gebäude ab. Auf diesem kleinen Niveau konnte die Landwirtschaft in den nächsten Jahren weitergeführt werden. Größere landschaftsgestalterische Veränderungen waren kaum noch möglich, seitdem der Münsteraner Regierungspräsident 1984 das Honigbachtal und mit ihm weite Teile des Abteigeländes zum Landschaftsschutzgebiet erklärt hat.

## Abt Clemens Schmeing

Am 24. Februar 1971, einem Aschermittwoch, teilte Abt Pius Buddenborg dem Konvent mit, dass er sein Amt aus Altersgründen niederlegen wollte. Er machte damit von einer Möglichkeit Gebrauch, die das 17. Generalkapitel 1966/68 den Äbten eingeräumt hatte: Auf Lebenszeit gewählt, durften sie nun – etwa, wenn sie das 70. Lebensjahr erreichten – zurücktreten. Nach der erfolgten Demission am 16. April folgte am 19. und 20. April die Wahl des Nachfolgers. Dritter Abt von Gerleve wurde der bisherige Novizenmeister P. Clemens Schmeing.

Abt Pius Buddenborg wünschte, in Gerleve wohnen zu bleiben. So bezog er ein Zimmer in der Infirmerie. In aller Stille feierte er 1974 mit dem Konvent sein Goldenes Professjubiläum und 1979 das Goldene Priesterjubiläum. Das ihm liebgewordene Amt des Assistens Religiosus der Benediktinerinnen vom Hlst. Sakrament übte er noch bis 1975 aus. Nach kurzer Krankheit starb er am 3. Oktober 1987 im Münsteraner Franziskushospital. Er wurde auf dem Gerlever Klosterfriedhof beigesetzt. Bei dieser Gelegenheit zeigte sich noch einmal, wie hoch das Ansehen war, dass er sich innerhalb und außerhalb des Ordens erworben hatte.

Sein Nachfolger, Abt Clemens Schmeing, war bei seiner Weihe 41 Jahre alt. Er stammte aus Coesfeld und war gleich nach dem Abitur auf dem Nepomucenum und einigen Semestern Theologiestudium in Münster in Gerleve eingetreten, wo er am 14. April

Abt Clemens Schmeing

1952 die Mönchsprofess feierte. Während des Theologiestudiums in S. Anselmo kam er mit vielen Mönchen anderer Länder und Kontinente in Kontakt und promovierte 1959 mit einer moraltheologischen Studie über den Benediktinertheologen Maurus von Schenkl. In Gerleve erteilte er den künftigen Theologiestudenten Philosophieunterricht. 1963 übernahm er die kommissarische, später auch die vollständige Leitung des Noviziats. Gleichzeitig engagierte er sich stark in der Seelsorge für Priester und Ordensleute. Als Wahlspruch wählte er einen Vers aus dem Lukasevangelium (22, 27): *Sicut qui ministrat - Wie einer der dient*, und charakterisierte so sein besonderes Verständnis vom Amt des Abtes als Dienst.

In seiner Amtsführung als Abt legte er Wert darauf, die von Abt Buddenborg begonnene Erneuerung in ähnlich vorsichtiger und versöhnlicher Weise fortzuführen. Stärker als sein Vorgänger neigte er zur schriftlichen Fixierung seiner Gedanken. So verfasste

Die von Max Clemens von Hausen gestaltete Infirmeriekapelle

er noch im ersten Jahr seiner Amtszeit „Leitlinien für unser benediktinisches Leben in Gerleve“ und später für die Beuroner Kongregation unter dem Titel „Geistliche Wegweisung“ ein „Directorium spirituale“, das von den Äbten 1984 angenommen wurde. Obwohl der Schwerpunkt seiner Interessen auf geistlichen Themen und in der Seelsorge lag, legte er doch auch erfolgreich Wert auf eine seriöse wirtschaftliche Absicherung der Abtei und auf die Instandhaltung und den notwendigen Ausbau der Gebäude. Einer größeren Öffentlichkeit wurde Abt Schmeing durch seine geistlichen Radioansprachen beim WDR und dem Deutschlandfunk bekannt.

## Bauten und Kirche

Die prägendsten Baumaßnahmen für Kirche und Kloster erfolgten zunächst unter Abt Pius Buddenborg. Dringend notwendig war eine umfassende Restaurierung der durch Wind und Wetter schwer geschädigten Westfassade des Klosters. Dabei handelte es sich um den ältesten Teil der Klosteranlage, der noch von Rincklake stammte. Nun sollte er sich in der Formensprache an die von Dominik Böhm neugestalteten Kirchtürme einerseits und den Pfortentrakt von Anfang der dreißiger Jahre andererseits anpassen. Die Westfassade und ihr südlicher Turmabschluss erhielten also eine Ummantelung aus grob behauenem Ibbenbürener Sandstein. Bewusst wurde auf gliedernde oder schmückende Elemente verzichtet. Damit besaß das Kloster nun wieder eine einheitliche, allerdings überaus streng wirkende Außenfassade. Modernisiert wurden auch die im Westflügel liegenden Zellen, die nun erst fliessendes Wasser erhielten. Auch das Innere des Pfortenflügels wurde neu aufgeteilt zwischen der Infirmerie, dem Pfortenbereich und der Gastabteilung. Im Sockelgeschoss des Südwestturms ergab sich die Möglichkeit, eine moderne, leicht kryptaartige Kapelle einzurichten, die zunächst als „Brüderoratorium“ und später der nahegelegenen Krankenabteilung diente. Als Architekt zeichnete hier Max Clemens von Hausen verantwortlich, der in den fünziger Jahren an den bahnbrechenden Theaterbauten in Münster und Gelsenkirchen beteiligt gewesen war. Bei der Restaurierung eines Vesperbildes, das bisher im Brüderzimmer stand, entdeckten Fachleute eine wertvolle Holzpietà aus dem 14. Jahrhundert. Das Kunstwerk wurde von allen Farbschichten befreit und der verloren gegangene linke Arm Jesu in nicht völlig überzeugender Weise ersetzt. Das Andachtsbild erhielt einen passenden Platz am westlichen Eingang des Kreuzgangs.

Infirmerie

Nach dem Konzil galt es, den Innenraum der Abteikirche entsprechend den neuen liturgischen Grundsätzen umzugestalten. Nach Plänen des Architekten Albert Brenninkmeyer, der zwölf Kirchen, darunter in Berlin-Rudow das Gemeindezentrum St. Joseph gebaut hat, gingen 1970/71 zuerst die Plattenleger und Maler an die Arbeit. Der neue, von Ludwig Baur entworfene Altar aus italienischem Travertin fand seinen Platz in der Vierung des Querschiffes. Der gebürtige Bayer und Wahlwestfale Ludwig Baur sowie der aus Vreden stammende Bernhard Gewers erstellten auch die Entwürfe für die 1973 ausgeführten Chorabschlüsse in den Seitenschiffen. Sie bestanden in der Mitte aus gegliederten Betonwänden von etwa 3 m Höhe und 1,50 m Breite, die rechts und links von Stahlgittern flankiert werden. In die Betonwand des Nordschiffes war der Tabernakel eingelassen. Der südliche Chorabschluss zeigte nach Westen hin Mosaike der

Pieta im Kreuzgang

Josef Paul Kleihues, Haus St. Benedikt II (1984/86)

Heiligen Benedikt, Joseph und Liudger. Darüber hinaus erforderte die Teilnahme der Laienbrüder am gesamten Stundengebet eine Erweiterung des Chorgestühls. Dazu genügte es, die bisherigen Chorreihen zu vergrößern und neu aufzustellen. Bei dieser Gelegenheit entfiel der bis dahin genutzte Sonderplatz für den Abt.

Im Gästehaus „Ludgerirast" fehlte seit langem ein eigener Bereich für die dort arbeitenden Ordensschwestern. In südlicher Verlängerung des alten Rincklakebaus errichtete man hier 1964/65 in gleicher Höhe einen ebenfalls in rotem Backstein ausgeführten Erweiterungsbau. In ihm befanden sich außer der klösterlichen Buch- und Kunsthandlung und der Schwesternwohnung auch weitere Räume für das Exerzitienhaus. Besonders geglückt war das elegante, weitgeschwungene Treppenhaus. Wegen der weiter steigenden Besucherzahlen musste der nach dem Zweiten Weltkrieg angelegte Parkplatz 1967 auf eine Länge von 110 m vergrößert werden.

Der vom Bistum Münster geförderte, kräftige Anstieg der Jugendarbeit forderte später auch in diesem Bereich zweimal eine Vergrößerung des Raumangebots. Albert Brenninkmeyer errichtete 1972/73 etwas abgesetzt nördlich der vorhandenen Gebäude einen modernen, dreigeschossigen Flachbau. In diesem „Haus St. Benedikt" konnten bis zu 70 Jugendliche in Ein- und Dreibettzimmer aufgenommen werden. Zwei große Gruppenräume, ein gemütliches Kaminzimmer, ein Werkraum sowie der Meditations-

Josef Paul Kleihues, Gaststätte, darüber Vortragsräume (1980/82)

bereich ermöglichten ein differenziertes Kursangebot. 2003 begannen die Planungen für einen einschneidenden Umbau des Hauses, das den veränderten Anforderungen nicht mehr genügte.

Die historisch gewachsene Verteilung der Gästehäuser „Ludgerirast", „Christophorusheim" und „Haus St. Benedikt" war jedoch weder schön noch praktisch. Vor allem benötigte man eine „Zentralküche" für die unterschiedlichen Gruppen. Der Auftrag, die verschiedenen Gebäude zu einer Einheit zu fassen, ging an einen hervorragenden Architekten. Der Westfale Josef Paul Kleihues sollte als Leiter der Internationalen Bauausstellung in Berlin 1987 Weltruf erlangen. Ihm gelang es, dem gesamten Bereich der Gerlever Gästehäuser ein neues und anspruchsvolles Gesicht zu geben. Nach dem Abriss des „Christophorusheims" nördlich der „Ludgerirast" war Platz für ein zweites Jugendhaus, dass durch einen bogenförmigen Zwischenbau mit der „Ludgerirast" verbunden ist. Der markante Zwischenbau enthält im Erdgeschoss außer der Zentralküche für den gesamten Gästebereich eine einfache Gaststätte. Im Obergeschoss, dessen geschwungene Dächer einen spielerischen Akzent setzen, befinden sich zwei Vortragssäle. Nördlich davon erhebt sich in zwei Türmen der Zusatzbau der Jugendbildungsstätte „Haus St. Benedikt II". Ein eigenwilliger Balkon in schwindelerregender Höhe konturiert dessen Westfassade.

Nun zeigte sich, dass auch das Exerzitienhaus „Ludgerirast“ einer Modernisierung bedurfte. Im Zusammenhang mit einer gründlichen Restaurierung (1985/87) erhielt es 1986/87 eine ebenfalls von Kleihues entworfene Kapelle. In einfühlsamer Weise schuf der Düsseldorfer Bildhauer Erwin Heerich für den vielbewunderten Bau einen Altar und den Tabernakel. Die Fenster gestaltete Karl-Martin Hartmann, der später auch die Fenster des Pfortentrakts im Kloster entwarf. Nachdenklich stimmt das Kreuz, dessen Form sich an der Ästhetik Le Corbusiers orientiert. Der leere Platz über der Fußstütze stellt die herausfordernde Frage nach dem eigenen Christusbild.
Zuletzt gestaltete Kleihues 1987 auch den Kirchvorplatz und die Auffahrt zum Kloster, die von Kaiserlinden gesäumt wird. Aufsehen erregten die jeweils sechs Sandsteinstelen zu Beginn und am Ende der Auffahrt. Sie nehmen die Grundformen der Geometrie – Würfel, Achteck, Säule – auf und markieren den Zugang zum Klosterbereich.

## Gottesdienstreform

Die Umsetzung der vom Zweiten Vatikanischen Konzil initiierten Liturgiereform verlief in Gerleve ohne überstürzte Eile, aber auch ohne traditionalistische Verbissenheit. Der Konvent hatte seine Aufgeschlossenheit für eine Erneuerung der Liturgie schon in den fünfziger Jahren bewiesen. Seit 1963 feierte man die Werktagsmessen in Gerleve als „missa cum diacono“. Dabei verrichtete *ein Diakon in Albe und Stola ... den üblichen Dienst des Diakons ... als Verkünder des Evangeliums und Gehilfe des Priesters am Altare und beim Austeilen der heiligen Kommunion.* Erstmals sollten alle anwesenden Mönche, die nicht Priester waren, auch kommunizieren. Außerdem ging man dazu über, die bis dahin teilweise nur gesprochenen Teile der gregorianischen Messgesänge zu singen. Ohne zu ahnen, was das konkret bedeutete, notierte der Chronist zufrieden: *Was die nächste Zeit uns als Frucht des 2. Vatikanischen Konzils an liturgischen Neuerungen, Vereinfachungen und Bereicherungen bringen wird, werden wir dankbar begrüßen.*
Am 4. Dezember 1963 beschloss das Konzil sein erstes Dokument, die Liturgiekonstitution. 1964 konnten deshalb in Gerleve unverzüglich einige dringend notwendige Änderungen vorgenommen werden. Die Muttersprache benutzte man zunächst nur in den Werktagsmessen. Am 25. Dezember 1964 feierten die Mönche die Messe erstmals in der Form der Konzelebration, bald zweimal wöchentlich und seit Gründonnerstag 1965 täglich. Die Laienbrüder empfingen die Kommunion nun unter beiderlei Gestalten. *Diese neuen Möglichkeiten haben*, so urteilte der Chronist, *unserer klösterlichen Familie einen noch gar nicht abzuschätzenden geistigen Gewinn gebracht. Die Eucharistiefeier ist nun in einer schon vollendeten Weise zur Quelle unserer Kraft und Einheit geworden. Wir danken es der besonnenen Führung unseres* Abtes, *daß diese neuen Formen der liturgischen Gestaltung sich ruhig und organisch aus dem*

Josef Paul Kleihues,
Kapelle (1985/87)

*Altgewohnten heraus entfalten und mit neuem Geist und Leben durchdrungen und erfüllt werden konnten.* Nach dem Ende des Konzils notierte er: *Wir haben uns ehrlich bemüht, die von der Kirche des Konzils ausgehenden Impulse nicht nur bereitwillig aufzunehmen und frohen Herzens zu verkünden, sondern die gewiesenen neuen Wege auch zu gehen. Die bereits erzielten Fortschritte ermutigen uns, die eingeschlagene Richtung im Vertrauen auf die Führung des Heiligen Geistes weiterzuverfolgen.*

Die Reform der Messliturgie erreichte in Gerleve ihren Höhepunkt mit dem Erscheinen der neuen Hochgebete Anfang 1969. Die sonntägliche Homilie nach der Verkündigung des Evangeliums, bereits vom Konzils *sehr empfohlen*[1] und vom Hl. Stuhl 1964 in der ersten „Instruktion zur ordnungsgemäßen Durchführung der Liturgiekonstitution" vorgeschrieben, wurde - angeblich auf Bitte von Bischof Joseph Höffner - sofort eingeführt. Gern nutzte man die Möglichkeit, zwischen mehreren theologisch gehaltvollen und approbierten Hochgebeten wählen zu dürfen. Der Einsetzungsbericht wurde nun immer gesungen. Auf den Kommunionempfang folgte als meditatives Element eine kurze Zeit des stillen Gebets. Nur der mit einem Bußakt verbundene neue Eröffnungsritus traf anfangs auf Bedenken. Klarheit schuf dann das römische Messbuch 1970 und dessen deutsche Übersetzung 1974. Seitdem gab der Hauptzelebrant im täglichen Konventamt nach der liturgischen Begrüßung der Gläubigen eine kurze Einführung.

Eine erste Änderung am Stundengebet erfolgte 1966. Nach römischer Erlaubnis strich man in Übereinstimmung mit den Erkenntnissen der Liturgiehistoriker und wie fast alle andere anderen Klöster die erste der sogenannten „kleinen Horen", die Prim. Der Cantor P. Martin Uhlenbrock wünschte eine Neubelebung des Chorals. Es gelang ihm 1965, das bis dahin in der Messe benutzte „Vatikanische Graduale" von 1908 durch die Solesmenser Ausgabe zu ersetzen, bis 1974 deren nachkonziliare Fassung erschien. Ebenfalls erst seit 1965 benutzte man in Gerleve das Solesmenser Antiphonale Monasticum von 1934 statt der Ausgabe von 1897. Zwei Jahre später ging man von der komplizierten, durch manche Wiederholungen geprägten Psalmenverteilung der Regel Benedikts ab und entschied sich dafür, die 150 Psalmen in einem Zwei-Wochen-Rhythmus zu beten. 1968 begann der Konvent, anstelle der vom Brevier vorgesehenen Väterlesungen in lateinischer Sprache in den Vigilien selbstausgesuchte Texte auf Deutsch zu lesen. Neben den Theologen der ersten christlichen Jahrhunderte kamen nun auch neuere, manchmal sogar zeitgenössische Autoren wie Romano Guardini und Karl Rahner zu Gehör. Erst nachdem seit 1971 eine vorläufige, seit 1973/74 endgültige ökumenische Übersetzung der Psalmen vorlag, gelang es 1972, einen Teil der Psalmodie auf deutsch umzustellen. Da die Vesper weiterhin gregorianisch gesungen wurde, blieb es hier bei der lateinischen Sprache. Allerdings ging man vom Vulgatatext zur zuverlässigeren Neovulgata (1979) über. Auch die Form der Komplet blieb weitgehend traditionell, so dass sie wie bisher auswendig gefeiert werden konnte.

Um denjenigen Mönchen, die die lateinische Sprache nicht beherrschten, das Verständnis

links:
Erwin Heerich, Altar (1986) aus südafrikanischem Granit in der Kapelle des Exerzitienhauses

1 Sacrosanctum Concilium 52.

zu erleichtern, stellte man für alle Texte zweisprachige Ausgaben bereit. Das zweisprachige Graduale mit den Texten der gregorianischen Messgesängen, das P. Christophorus Hildebrandt zusammenstellte, ermöglichte es den Besuchern der Abteikirche, den Choral in den Eucharistiefeiern zu verstehen. Es fand auch in vielen anderen Klöstern gute Annahme, so dass bis 1991 drei Auflagen erschienen.

## Die Orgel

Im Zusammenhang mit der Restaurierung der Kirche kam auch die Gelegenheit, die 1912 gebaute Orgel gründlich zu überholen, da ihre pneumatische Traktur nur noch schlecht funktionierte. Sachverständige hielten das Instrument für erhaltungswürdig im Sinne der Orgeldenkmalpflege. Daher wollte man nun den romantischen Klang der Orgel erhalten und in seiner Eigenart weiterführend ergänzen. Der Umbau durch die Werler Firma Stockmann erfolgte 1971. Unter der Rosette des nördlichen Querschiffs wurde ein wenig schönes Betonpodest errichtet. Nachteilig war, dass der – für die regelmäßigen Wartungs- und Reparaturarbeiten nötige – Zugang nur über eine freistehende Leiter erfolgen kann. Der Spieltisch mit drei Manualen und dem Pedal steht dem Werk gegenüber im Mönchschor. Das erweiterte Instrument mit nun 43 Registern entsprach den Erwartungen und eignete sich sowohl zur Begleitung des Chorals wie zur Aufführung anspruchsvoller klassischer und zeitgenössischer Kirchenmusik. Die von Abt Raphael Molitor in Gerleve grundgelegte Tradition der Orgelmusik konnte sich gut weiterentwickeln.

## Jugendseelsorge

Der 1969 gewählte Bischof von Münster, Heinrich Tenhumberg, übernahm 1970 das Referat für Jugendfragen bei der Fuldaer Bischofskonfererenz, ein Thema, das ihn bereits seit langem beschäftigte. In seiner Diözese stellte er die außerpfarrliche Seelsorge auf vier Säulen: Kindergärten, Schulen, außerschulische Pastoral und Erwachsenenbildung, Kinder- und Jugendpastoral. In dieser Konzeption erhielt das Gerlever Jugendhaus eine neue Wertigkeit für die Diözese. P. Basilius Senger verzichtete 1969 auf dessen Leitung. Ein Leitungsteam übernahm die Verantwortung. Während P. Thomas Horst nur wenig jünger als P. Basilius war, kam mit P. Heribert Kötter die jüngere Generation zum Zuge. Der bauliche Zustand des bisherigen Gebäudes konnte den neuen Anforderungen nicht mehr genügten, so dass 1972 und 1973 in der charakteristischen Formensprache der siebziger Jahre ein Erweiterungsbau, das heutige „Haus St. Benedikt I“ errichtet wurde.

Die Orgel im Frühjahr
2003

Die 68er Krise löste in Gesellschaft und Kirche Erschütterungen aus, die gerade im sensiblen Bereich der Jugendseelsorge spürbar wurden. Im Jahr der Maiunruhen erprobte man in der Gerlever Jugendbildungsstätte *mit den Jugendlichen ... neue, zeitgemäße Formen des Beichtgesprächs und der Gestaltung von Eucharistie- und Bußfeiern* (Chronik). Statt Exerzitien hießen die Schulendtage für einige Zeit „religiöse Gemeinschaftstage". Bald wurde den Beteiligten klar, dass ein neues aktualisiertes Konzept erarbeitet werden musste. Bischof Tenhumberg gab der kirchlichen Jugendarbeit mit dem „Kirchlichen Jugendplan" 1975 ein anspruchsvolles Programm. Es wollte Jugendlichen sowohl Raum zur Entfaltung ihrer Persönlichkeit wie auch Heimat in der Kirche geben. Neben dem Religionsunterricht sollten Schulklassen in außerschulischen „Tagen religiöser Orientierung" angesprochen werden. Dafür bot das Gerlever „Haus St. Benedikt" beste Bedingungen. Die Anbindung an das Kloster erlaubte es, den Jugendlichen Einblicke in die Lebensform des Mönchtums zu geben. Zahlreiche Patres übernahmen es, die Schulklassen drei oder vier Tage lang zu begleiten. Die Kurse gaben den Jugendlichen die Möglichkeit, über ihre Lebensfragen nachzudenken und ins Gespräch zu kommen. Dabei ging es nicht nur um die Bedeutung des Glaubens in konkreten Lebenssituationen, sondern auch um Themen wie Zukunftsgestaltung, Liebe, Sexualität, um Lehrer-Schüler-Konflikte und die Klassengemeinschaft. Dieses Konzept bewährte sich so sehr, dass es auch zu Beginn des 21. Jahrhunderts noch Gültigkeit hat.

Einzelne Mönche sympathisierten in den siebziger Jahren mit dem Aufbruch um das französische Kloster Taizé. Es gelang ihnen, Elemente von dessen Spiritualität in die Gerlever Jugendseelsorge einzubringen. Dazu gehörten Meditation, Mitfeier der großen Liturgien in der Klosterkirche sowie das charismatische Gebet in kleinen Gruppen. Zeitweise nahmen über hundert Jugendliche an den Gerlever Ostertreffen teil, die für viele zu unvergesslichen Erlebnissen wurden. Seit Ende der siebziger Jahre wurde – zunächst in Verbindung mit einem „Tag der offenen Tür" – ein jährlicher Flohmarkt zugunsten eines guten Zwecks organisiert. 1977 kamen dabei 4000 DM zusammen, die an Leprakranke in Tanzania flossen. Der Flohmarkt erreichte von Jahr zu Jahr größere Dimensionen. 2001 erbrachte er einen Erlös von 73 000 DM, der zur Hälfte an den „Bunten Kreis im Münsterland", einer Initiative zur familiären Nachsorge von chronisch kranken Kindern, und zur anderen Hälfte an die Initiative „Terra e Vida", einer Organisation zugunsten der armen Landbevölkerung im Nordosten Brasiliens, ging.

## Das Exerzitienhaus „Ludgerirast" und der Oblatenkreis

Eine weniger spektakuläre, aber ebenso gute Entwicklung nahm auch das Exerzitienhaus „Ludgerirast", dessen Angebot an Exerzitienkursen, Wochenendtagungen und Seminaren sich an Erwachsene richtet. Zielgruppen sind außer hauptamtlichen kirch-

Haus Ludgerirast

lichen Mitarbeitern wie Priestern, Ordensleuten und Sakristanen unter anderem Pfarrgemeindegruppen, Lehrer, Krankenpflegeschulen, Silberehepaare und Senioren, manchmal auch Frauen- oder Männergruppen. Neben die früher bevorzugte und teilweise immer noch praktizierte Form der Vortragsexerzitien traten im Laufe der Zeit neue Formen: Trauerseminare, Bibellesekurse, Meditationskurse, Gestaltexerzitien, Bibliodrama, Atemseminare sowie Ehevorbereitungskurse. Nach dem letzten großen Umbau 1985/86 können in den Einzel- und Doppelzimmern des Hauses bis zu sechzig Personen aufgenommen werden. Meditatives Zentrum ist die Hauskapelle. Ein Mönch übernimmt hier die Aufgabe des Gastpaters und Hausleiters. Dabei unterstützten ihn zahlreiche Angestellte und zwischen 1951 und 1992 drei bis vier Josephsschwestern. An der Kursarbeit beteiligen sich nicht nur mehrere Mönchen, sondern auch eine Gruppe bewährter Referentinnen und Referenten.

Eine wichtige Zielgruppe des Hauses sind „Benediktineroblaten". Dabei handelt es sich um Christen, die auf ihrem Weg zu Gott Orientierung bei der Regel Benedikts suchen. *Unter der Führung des Evangeliums*, wie St. Benedikt sagt (Prol. 21), schließen sie sich einem Benediktinerkloster an, ohne ihr gewohntes Umfeld zu verlassen. Mitten in der Welt leben sie im Geist der Benediktsregel. Die ersten Oblaten Gerleves waren seit 1901 die drei Stifter Wermelt. Zwischen 1904 und 1990 haben sich 608 Männer und Frauen dazu entschieden, als Gerlever Oblaten zu leben. 71 % davon waren Frauen. 2003 zählte der Kreis 180 Oblatinnen und Oblaten.
Lange blieb der Oblatenkreis sehr klein. Erst seit 1927 und besonders nach der Ernennung von P. Bonaventura Rebstock zum Oblatenrektor (1933) erfolgte ein rasanter Ausbau. P. Bonaventura gilt vielen Freunden der Abtei noch heute als geistlicher Vater. Ihm kam zugute, dass er während der Aufhebungszeit Gerleves als Hausgeistlicher der Benediktinerinnen in Alexanderdorf bei Berlin über vielfältige Kontakte verfügte. Im August 1954 übernahm P. Emmanuel Meyknecht die Aufgabe des Oblatenrektors. Er konnte sich eines reichen Nachwuchses unter den Oblaten erfreuen (75 Personen), wie ja auch in diesen Jahren die Klosterkommunität zahlenmäßig stark zunahm. 1970 folgte P. Adalhard Heitmann bis zum Jahr 1980. Er gewann 21 Männer und Frauen für den Kreis. Nach ihm übernahm P. Amandus Eilermann, der zuvor lange in Nütschau gelebt hatte, das Amt des Oblatenrektors. Jährlich kamen nun mindestens vier Männer und Frauen zum Oblatenkreis hinzu. Nach P. Eilermanns plötzlichem Tod wurde P. Martin Uhlenbrock von Abt Clemens Schmeing als Nachfolger bestimmt. Er widmet sich dieser Aufgabe mit viel Engagement. Da Anfang der neunziger Jahre fast die Hälfte der 180 Oblaten aus Gründen des Alters oder der Entfernung kaum noch nach Gerleve kommen konnten, rief er 1994 sogenannte „Dekanien" (Regula Benedicti 21) ins Leben. So entstanden in verschiedenen Städten Begegnungsmöglichkeiten der Oblaten untereinander, die sich in gegenseitigen Hilfeleistungen auswirken und zu einer Vertiefung des Glaubensgeistes und der benediktinischen Zusammengehörigkeit führen.
In Haus Ludgerirast befindet sich die Kunst- und Buchhandlung des Klosters. Bis zur Aufhebung 1941 hatte sie ihren Platz an der Klosterpforte. Nach dem Neubeginn musste sie mehrfach erweitert werden, bis sie 1965 ihren jetzigen Standort erhielt. Seit Br. Liborius Schlünder nach einem Theologiestudium und der Buchhandelsausbildung 1990 die Leitung übernahm, nahm das Geschäft eine hervorragende Entwicklung. Besonders groß ist das Sortiment im Bereich christlicher Literatur, in dem neben vielen theologischen Neuerscheinungen auch spirituelle Werke zu finden sind. Viele Besucher freuen sich über die enorme Auswahl an Kinderbüchern, aber auch an Tonträgern, Kerzen, Grußkarten, religiösen Skulpturen und ausgesuchten Kalendern.

links:
Die 2002 sanierte
Bibliothek
rechts:
Buchbinderei

## Wissenschaft

Wie sein Vorgänger Abt Pius Buddenborg konnte und wollte auch Abt Clemens Schmeing die wissenschaftliche Tradition Gerleves lebendig halten. P. Winfrid Cramer setzte das Studium der Sprachen und der Geschichte des christlichen Ostens nach seiner Promotion in Rom in Löwen fort. 1976 habilitierte er sich in Münster. In Rom promovierten 1966 mit einer kirchengeschichtlichen Arbeit P. Pius Engelbert, 1969 P. Fidelis Schnitzler in der Patrologie, P. Liudger Sabottka 1971 und ein Jahr später P. Willibald Kuhnigk am Bibelinstitut sowie 1973 am Alfonsianum P. Albert Altenähr. Seitdem bevorzugten Gerlever Mönche, die sich wissenschaftlich qualifizieren wollten, deutschsprachige Universitäten. 1979 erwarb P. Elmar Salmann den Doktortitel im nahen Münster, während P. Johannes Chrysostomus Ripplinger in Salzburg promovierte. Die Universität Würzburg nahm 1986 P. Georg Eisensteins Dissertation über den dänischen Philosophen Søren Kierkegaard an.
Einige der genannten Mönche blieben auch weiterhin im Dienst der Wissenschaft. P. Raphael Schulte erhielt 1963 in S. Anselmo einen Lehrstuhl für Dogmatik und folgte 1971 einem Ruf an die Universität Wien, wo er noch über seine Emeritierung 1995 hinaus dozierte. P. Ansgar Paus wurde 1965 Spiritual des Kollegs St. Benedikt in Salzburg und begann ein Jahr später am Philosophischen Institut der dortigen Universität zu lehren. Seit 1971 Obmann der „Salzburger Hochschulwochen", erhielt er nach einer Münchener Habilitation 1972 ebenfalls in Salzburg einen Lehrstuhl für die philosophischen Fächer Erkenntnistheorie, Sprachphilosophie, Hermeneutik sowie für das umfassende Gebiet „Religionswissenschaft", den er bis zur Emeritierung 2000 innehatte. P. Winfrid Cramer wirkte von 1968 bis 1971 an S. Anselmo, bevor er als Professor der Alten Kirchengeschichte, Patrologie und Christlichen Archäologie nach Münster

überwechselte. Auch er konnte sich nach seiner Emeritierung 1999 noch nicht zur Ruhe setzen. 1981 ging P. Pius Engelbert als Professor der Kirchengeschichte nach S. Anselmo und blieb dort – lange Jahre auch als Dekan der Theologischen Fakultät – bis zu seiner Wahl zum Abt von Gerleve 1999. P. Elmar Salmann, ebenfalls seit 1981 in Rom, erlangte 1982 einen Lehrstuhl in S. Anselmo, wo er Dogmatik und Philosophie unterrichtet. Später übernahmen diese beiden Professoren zusätzlich auch Lehrveranstaltungen an der römischen Jesuitenuniversität Gregoriana.

## Verantwortung in der Kirche und im Orden

1979 schrieb Bischof Heinrich Tenhumberg an den resignierten Abt Buddenborg: *Sie haben mit Ihren Mönchen Tausenden von Priestern und Laien eine tiefe, aus benediktinischem Geist geformte Spiritualität vermittelt. Sie haben mit wachem Interesse die Entwicklung des kirchlichen Lebens im Bistum Münster verfolgt und durch Ihr Gebet, Ihren Rat und Ihre tatkräftige Hilfe den Bischöfen von Münster zur Seite gestanden. Der größte Verdienst bestand wohl darin, daß Sie mit der ganzen Abtei im Geist des heiligen Benedikt dem ganzen Bistum eine lebendige Erfahrung von der bleibenden Sendung des Mönchtums für Kirche und Welt vermittelt haben*[1]. In vornehmer Weise stellten die Worte des Bischofs heraus, dass die Gerlever Mönche wie ihre Äbte sich nicht hinter Klostermauern versteckten, sondern auf vielfältige Weise zum kirchlichen Leben im Bistum und darüber hinaus beitrugen.

Einen besonderen Dienst übernahm Abt Pius Buddenborg, als er – anders als sein Vorgänger und seine beiden Nachfolger – im Auftrag des Bischofs immer wieder in einzelnen Pfarreien die Firmung spendete. Als das Bistum Münster 1963 unter dem Namen „Theologische Seminare" ein großangelegtes katechetisches Programm zur religiösen Erwachsenenbildung aufbaute, stellte er mehrere Patres zur Verfügung, die sich daran in Pfarreien und Klöstern beteiligten. Außerdem scheute er sich nicht, dem Bistum einen der tatkräftigsten und ideenreichsten Mönche des Konvents, P. Basilius Senger, als Referenten für Liturgie im Generalvikariat zur Verfügung zu stellen. Später erhielt P. Senger dort zusätzlich die Verantwortung für die Pfarrbibliotheken. Auch das kirchliche Gericht des Bistums Münster, also das Offizialat, fand in den Gerlever Mönchen P. Michael Bürgers, seit 1966 P. Suitbert Bückmann, sowie später mit dem ausgebildeten Kirchenrechtler P. Gregor Potthoff kompetente Mitarbeiter.

Für jedes Jahr berichten die Chroniken der Abtei aber auch über zahlreiche Arbeiten, die einzelne Mönche in Pfarreien verrichteten. Neben gelegentlichen Vertretungen bei Messen, Trauungen, Beerdigungen und Beichten wirkte der eine oder andere Pater auch hauptamtlich in einer Gemeinde oder als Krankenhausseelsorger. Besonders genannt zu werden verdient hier P. Radbert Kerkhoff, der fast ein halbes Jahrhundert lang von

1 Die Benediktinerabtei Gerleve 1998, S. 69.

1955 bis zu seinem Tod 2001 als Beichtvater am Marienwallfahrtsort Kevelaer unzähligen Menschen Trost und Vergebung zugesprochen hat.
Gerlever Mönche engagierten sich gelegentlich auch im Dienst der Weltkirche. P. Lukas Kunz arbeitete seit 1964 mehrere Jahre lang als Konsultor der nachkonziliaren Kommission für die Durchführung der Liturgiekonstitution, wo er den Abteilungen für Hymnen und liturgische Gesänge angehörte. P. Elmar Salmann stand am Anfang seiner römischen Lehrtätigkeit verschiedenen Dikasterien als Berater zur Verfügung.
Obwohl weder Abt Pius Buddenborg noch Abt Clemens Schmeing einflussreiche Ämter in den verschiedenen Ebenen des Benediktinerordens anstrebten, besassen sie doch ein hohes Ansehen und konnten im Hintergrund manche Entscheidung mit beeinflussen. Große Verdienste erwarb sich Abt Buddenborg bei der Neuordnung der Salzburger Äbtekonferenz, deren Statuten er mitverfasste. Um die nach dem Zweiten Vatikanischen Konzil notwendige Neuformulierung der Deklarationen und Statuten der Beuroner Kongregation durchzuführen, trat unter der Leitung von Abt Schmeing 1972 eine Kommission in Gerleve zusammen, in der alle Frauen- und Männerkloster der Kongregation vertreten waren. Die Arbeit an diesem Text erstreckte sich über viele Jahre und endete erst 1984 mit der endgültigen Approbation des Textes durch den Hl. Stuhl.
In Rom vertrat P. Pius Engelbert zwischen 1981 und 1999 die Beuroner Benediktinerkongregation als Prokurator. Das Amt erforderte nicht nur die regelmäßige Teilnahme an den Generalkapiteln, sondern auch eine aufwändige Korrespondenz mit den Äbten und einzelnen Mönchen einerseits und der Kurie andererseits sowie gelegentlichen Besuchen in vatikanischen Behörden.
Wie schon früher leistete Gerleve auch anderen benediktinischen Klosterverbänden Unterstützung. Besonders nahe stand das Kloster weiterhin den Benediktinerinnen vom Hlst. Sakrament. Seit 1957 bis 1999 begleiteten aufeinander folgend drei Gerlever Mönche, die den Titel „Assistens religiosus" trugen, die Entwicklung der hier zusammengeschlossenen Frauenklöster. Besondere Mühe machte dabei die Erstellung der 1986 approbierten nachkonziliaren Konstitutionen. Daran beteiligte sich zuletzt der in dieser Materie sehr erfahrene P. Gregor Potthoff. Seiner kirchenrechtlichen Sachkenntnis verdanken auch die Beuroner Kongregation und die bayerischen Benediktinerinnen viel.
Der kleine Konvent des Aachener Klosters Kornelimünster, das auf eine große, bis in die Karolingerzeit zurückgehende Tradition zurückblicken konnte, wählte 1982 den Gerlever Bibliothekar P. Albert Altenähr zum Abt. Mit ihm verlor Gerleve einen gebildeten und arbeitsamen Mitbruder. Dennoch war Abt Clemens Schmeing darüber hinaus bereit, dem neu gewählten Abt zur Unterstützung 1984 dauerhaft einen jungen Priester zu überlassen. Ebenso kam er 1991 der Bitte Nütschaus nach, wenigstens für einige Jahre einen zusätzlichen Priester als Hilfe in der Seelsorgsarbeit zu erhalten. Den Benediktinerinnenklöstern in Trier 1971 bis 1979, Vinnenberg 1979 bis 1991 und Marienrode bei Hildesheim 1988 bis 1991 stellte Gerleve einen Hausgeistlichen.

Als nördlichste Benediktinerabtei des europäischen Festlands und durch seine Gründung Nütschau verfügte Gerleve über besondere Beziehungen nach Skandinavien. So bestanden spätestens seit 1975 Kontakte zu einer 1960 gegründeten, seit 1970 in Östanbäck nordwestlich von Stockholm angesiedelten protestantischen Gemeinschaft, die nach der Regel Benedikts lebte. Es kam zu gegenseitigen Besuchen zwischen Östanbäck und Gerleve. Zwei schwedische Mönche - beide ordinierte Geistliche der schwedischen Staatskirche - wünschten, katholisch zu werden. Während eines längeren Aufenthalt in Gerleve wurden sie 1983 in die katholische Kirche aufgenommen und empfingen 1984 in der Abteikirche die Priesterweihe. Danach kehrten sie nach Schweden zurück. Zwei Jahre später verließen sie das Kloster Östanbäck, um eine benediktinische Diözesangemeinschaft zu bilden. Leider erwies sich das anspruchsvolle Projekt bisher nicht als lebensfähig.

Kasel (Seide; Entwurf:
Bernard Michel,
Ausführung: Benedikti-
nerinnen Köln, 1993)

# 7. Neue Herausforderungen (1991-2004)

*signum vitae*
*Gregorius Magnus, Dialogorum libri IV, II, 3.4*

## Personalentwicklung

Zählte Gerleve 1990 genau 57 Mönche mit Feierlicher Profess, sechs mit zeitlichen Gelübden und zwei Novizen, so waren es 2003 nur noch 51 mit Feierlicher Profess, einer mit zeitlichen Gelübden und zwei Novizen. Der Rückgang läßt sich nicht durch Überalterung des Konvents erklären – der Tod von acht Mitbrüdern hätte durch die Neueintritte wieder ausgeglichen werden können – , sondern entstand durch eine hohe Zahl von Austritten. Dass Mönche nach ihrer Feierlichen Profess das Kloster wieder verließen, war für Gerleve keine neue Erfahrung. Während andere Klöster aber bereits im Zusammenhang mit der Krise um 1968 viele Austritte hinnehmen mussten, kam es dazu in Gerleve erst in den neunziger Jahren des 20. Jahrhunderts. Zwischen 1990 und 2002 gingen acht Mönche aus Gerleve fort. Die Zahl der Mitbrüder, die – aus ganz unterschiedlichen Gründen – ständig außerhalb des Klosters lebten, wuchs weiter an. 2003 belief sie sich auf 14. Ein Mitbruder befindet sich in einer Ausbildung.
Über die Gründe für das Ansteigen der Austrittszahl lassen sich keine verlässlichen Angaben machen. Eine gewichtige Rolle dürfte wohl das gewandelte gesellschaftliche Werteempfinden spielen. Die Bereitschaft und die Fähigkeit zu lebenslangen Bindungen geht allgemein und auch unter den Katholiken zurück. Über mögliche innerklösterlichen Gründe wird kontrovers diskutiert. Manche führen die Austritte darauf zurück, dass sich der Konvent kaum noch neue Aufgabenfelder erschloss, sondern auf den Erhalt des Bestehenden konzentrierte. So sei es zunehmend schwergefallen, einsatzfreudigen Mitbrüdern adäquate Aufgaben anzuvertrauen. Dem wird von anderer Seite entgegengehalten, dass in den Gästehäusern und anderen Bereichen der Abtei genügend und auch anspruchsvolle Arbeit vorhanden sei. Ebenso strittig bleibt die Frage, ob die demokratischen Elemente der Benediktusregel stark genug beachtet werden, um das - sicher gestiegene - Bedürfnis junger Menschen nach Mitverantwortung ausreichend zu befriedigen. Und wie zu allen Zeiten stellt sich dem Konvent erneut die Frage, wie weit seine Lebensform ein authentisches Zeugnis für die erlösende Kraft des Evangeliums ist.

links:
Noviziatsunterricht
rechts:
Die Klosterküche

links:
Ein Zivildienstleistender
rechts:
Ein Mönch im Gespräch mit Besuchern

Da die Abtei die übernommenen Aufgaben trotz der sinkenden Zahl der Mönche fortführte, mussten zahlreiche Arbeiten an Angestellte abgegeben werden.
1980 beschäftigte Gerleve 20 Mitarbeiter, darunter seit 1985 zwei Zivildienstleistende im Bereich der Jugendbildungsstätte. Im Jahr 2000 betrug die Zahl der Mitarbeiter in vollen, teilweisen oder geringfügigen Arbeitsverhältnissen 63. Diese Gerlever Angestellten wählten 2001 erstmals eine Mitarbeitervertretung.

Abt Pius Engelbert

## Abt Pius Engelbert

Abt Clemens Schmeing hatte in den zwei ersten Jahrzehnten seiner Amtszeit viel erreicht und das Erbe seiner Vorgänger bewahrt und ausgebaut. Das Ansehen Gerleves erreichte einen Höhepunkt. Das Exerzitienhaus und die Jugendbildungsstätte verfügten über teils renovierte, teils neuerrichtete Gebäude. Viele Mönche engagierten sich in der Seelsorge, andere arbeiteten als Wissenschaftler und Hochschullehrer. Die Gründung in Nütschau konnte in die Selbstständigkeit entlassen werden.
Nun aber traten Zeichen einer gewissen Erstarrung auf. Das Angebot, die Kirche durch den Bau der Apsis zu vollenden, wurde nicht angenommen. Ebenso musste nach der deutschen Wiedervereinigung die Bitte, das ehemalige Zisterzienserkloster Neuzelle an der Oder wiederzubeleben, abgelehnt werden. 1991 entschied sich der Konvent, die Landwirtschaft aufzugeben. Ein Nachbar pachtete 1992 die letzten 21 Hektar Acker- und Weideflächen des Klosters. Schließlich ließ man die Hundertjahrfeier der Gründung Gerleves 1999 ohne öffentliche Feier verstreichen.
Hinzu kamen dramatische Schicksalsschläge. Nur drei Wochen nach seiner Einfachen Profess kam der psychisch kranke Br. Benedikt Frede am 5. April 1987 nach einem Sturz aus einem Fenster ums Leben. Wenig später kehrte Mitte Mai der damalige Novizenmeister, P. Gregor Potthoff, von einer Bergwanderung bei Garmisch-Partenkirchen nicht zurück. Nachdem die mehrtägige Suche ohne Ergebnis blieb, galt er als verschollen. P. Antonius Terstiege, ein vielgefragter, sehr erfahrener Seelsorger und seit 1976 Gerlever Prior, wurde im Februar 1994 zum Prior des selbstständigen Priorats Nütschau gewählt. Drei Monate nach seinem Amtsantritt dort schied er freiwillig aus dem Leben. Der Verlust dieser Mitbrüder und die dramatischen Umstände ihres Todes bedeuteten für den Glauben des Konvents, aber auch jedes einzelnen Mönchs eine tiefe Herausforderung.
Unruhe entstand schließlich durch die Frage nach der Weiterentwicklung der Liturgie. Forderungen, das Offizium möglichst vollständig zu singen, stand die Kommunität weitgehend ablehnend gegenüber. Dennoch gelang es nicht, die Diskussion zu einer klaren Entscheidung zu führen.
Abt Clemens Schmeing ließ sich durch all diese Probleme nicht entmutigen. Er diente der Gemeinschaft, bis er mit Beginn des 70. Lebensjahres von seinem in den Konstitutionen vorgesehenen Recht zur Demission Gebrauch machte. Am 5. Juli 1999 wählte der Konvent mit P. Pius Engelbert einen gebürtigen Kölner zu seinem Nachfolger. Als Wahlspruch entschied er sich für die erste Vater Unser-Bitte: *sanctificetur nomen tuum*

Br. Reinhold Teutenberg, Krümme des mit Halbedelsteinen besetzten, vergoldeten Abtsstabes für Abt Molitor. Die Emailplatte unter dem Christusmonogramm zeigt den hl. Petrus, die Elfenbeinplatte eine Personifikation der Kardinaltugend Stärke mit Löwen. Darunter der Wappenspruch Abt Raphael Molitors: *Vince in bono.*

- *Dein Name werde geheiligt.* Der neue Abt konnte auf eine achtzehnjährige, erfolgreiche Arbeit als Professor in Rom zurückblicken. Als Historiker galt sein Interesse der Mediävistik. Seine Veröffentlichungen zur mittelalterlichen Ordensgeschichte fanden bei den Fachleuten viel Beachtung. Zugleich blieb er seinem Professkloster, in das er von Rom aus regelmäßig zurückkehrte, eng verbunden. Als Generalprokurator der Beuroner Benediktinerkongregation konnte er praktische Erfahrungen mit dem Ordensrecht sammeln und tiefe Einblicke in die Probleme einzelner Klöster erlangen. So besaß er für seine neue Aufgabe als Abt die besten Voraussetzungen.
Allerdings bedeutete seine Wahl keinen Generationenwechsel an der Spitze des Klosters. Abt Pius Engelbert ist nur sechs Jahre jünger als sein Vorgänger. Bei der Neuverteilung der Aufgabenbereiche nahm er zunächst keine wesentlichen Änderungen vor. Mit rheinischem Temperament brachte er jedoch neuen Elan in das Leben der Gemeinschaft. Tiefen Ernst zeigt er in seinen überaus sorgfältig ausgearbeiteten Kapitelansprachen. In ihnen erntet er die Früchte seiner jahrzehntelangen wissenschaftlichen Auseinandersetzung mit der Ordens- und Kirchengeschichte und eröffnet dem Konvent den Blick für tiefe, oft übersehene Zusammenhänge, aber auch für die notwendige Erneuerung in der Gegenwart. Das wichtigste Projekt seiner Amtszeit aber sollte die Renovierung der Abteikirche werden.

## Die Renovierung der Abteikirche

Nachdem unter Abt Clemens Schmeing die Renovierung der drei Flügel des Klostergebäudes abgeschlossen war, stand fest, dass auch die Kirche nach 30 Jahren eine gründliche Restaurierung benötigte. Das Heizungssystem war ebenso veraltet wie die Elektroleitungen, hier und da bröckelte der Putz, die Wände waren grau geworden. Zum Jubiläumsjahr 2004 sollte die Kirche in neuem Glanz erstrahlen. Die Hoffnung, das Gotteshaus nun endlich in den ursprünglich geplanten Dimensionen zu vollenden, ließ sich auch diesmal nicht realisieren. Dank überaus großzügiger Unterstützung durch die Freunde der Abtei und insbesondere durch das Bistum Münster war es allerdings möglich, ein stimmiges Renovierungskonzept in Auftrag zu geben. Der Aachener Architekt Ulrich Hahn konnte auf seine große Erfahrung in der Restaurierung alter Kirchen verweisen, etwa der Dome von Frankfurt und Rottenburg. In Gerleve wünschte er, den nüchternen Charakter des Inneren zu bewahren, den Raum aber mit mehr Licht und Feierlichkeit zu erfüllen. Den lange Zeit vernachlässigten westlichen Eingangsbereich unter der Empore wertete er durch eine freistehende „Heilige Pforte" auf. Die beiden Turmkapellen erhielten ein neues Gesicht: In der südlichen Marienkapelle fand eine Marienstatue ihren Platz, während die Nordkapelle mit dem historischen Herz-Jesu-Altar durch den Tabernakel zur stillen Anbetung einladen soll. Der Mönchschor wurde

Marienstatue in der
südlichen Turmkapelle

Der Altarbereich der Abteikirche Anfang 2004

um zwei Stufen abgesenkt, der Altarbereich durch einen fein polierten, schwarzen Granitboden hervorgehoben. Wie den Altar gestaltete Hahn auch den Ambo und drei besondere Plätze für den Hauptzelebranten und die assistierenden Priester. Das Mosaik Ludwig Baurs musste bei den Restaurierungsarbeiten abgenommen werden. Ob es in Zukunft wieder in die – nun von oben beleuchtete – Apsis zurückkehrt, ist noch ungewiss. Ende 2003 waren die Renovierungsarbeiten im wesentlichen abgeschlossen.

## Wissenschaft

1990 promovierte P. Christian Brüning an der Universität Salzburg mit einer Arbeit über Psalm 102, während zwei Jahre später P. Daniel Hörnemann den Doktortitel in Würzburg für eine Untersuchung über Moses erhielt. Ein weiterer Mitbruder kam 1990 bereits mit einem theologischen Doktorgrad nach Gerleve. Als der Verlag Herder begann, die dritte Auflage des „Lexikons für Theologie und Kirche", dem deutschsprachigen Standardlexikon für katholische Theologie, vorzubereiten, lud er mehrere Gerlever Mönche zur Mitarbeit ein, nämlich P. Marcel Albert, P. Winfrid Cramer, P. Georg Eisenstein, P. Pius Engelbert, P. Ansgar Paus, P. Elmar Salmann und P. Raphael Schulte. In den zehn Bänden des Lexikons, die zwischen 1993 und 2001 erschienen, befanden

S. 142 f.:
Inneres der Abteikirche nach der Umgestaltung durch Ulrich Hahn Anfang 2004

links:
Klosterpforte
rechts:
Kerzengießerei

links:
Kunstatelier
rechts:
Klosterverwaltung

sich daher zahlreiche Beiträge aus dem Gerlever „Skriptorium". P. Raphael Schulte erhielt 1995 von Freunden und Kollegen eine Festschrift, 1999 auch P. Winfrid Cramer. Die von Abt Pius Engelbert zum Jubiläumsjahr 2004 geplante Gerlever Festschrift gab dem Forschungseifer der Mönche einen neuen Anstoß. Von unterschiedlichen Seiten aus betrachten sie den vielseitigen Begriff *saeculum*, der im Lateinischen zugleich *Welt* und *Jahrhundert* bedeutet.

All diese Leistungen wären nicht möglich ohne die gute Ausstattung der Klosterbibliothek. Mit Unterstützung der Universitäts- und Landesbibliothek Münster konnte die Katalogisierung 1991 auf EDV umgestellt werden. 1992 übernahm P. Daniel Hörnemann die Leitung der Bibliothek. Drei Mitbrüder unterstützen ihn bei dieser Arbeit. 2002 wurden 3708 neue Bände eingestellt. Der Schwerpunkt liegt weiterhin im Bereich der Theologie und Kirchengeschichte. Durch Schenkungen gelangte eine größere Anzahl

kostbarer Faksimiledrucke mittelalterlicher und frühneuzeitlicher Handschriften in die Sammlung. An Bedeutung gewannen aber auch die Gebiete Literatur und Kunst. Zusätzlich erfolgte in den letzten Jahren die Restaurierung zahlreicher beschädigter Bücher. Im Sommer 2003 wurde zur retrospektiven Katalogisierung eine zusätzliche Kraft eingestellt. Eng verbunden mit der Bibliothek ist die von P. Bartholomäus Denz aufgebaute Buchbinderei.
Nicht nur in der Bibliothek, sondern auch in vielen anderen Arbeitsbereichen des Klosters wurden Computer angeschafft und erfolgreich eingesetzt. Als erste profitierte die Verwaltung schon 1982 mit einem „Mikro-Computer, Modell Philips P 2" von den neuen Möglichkeiten der Datenverarbeitung. Im Internet präsentieren sich die Abtei und ihre Gästehäuser seit 2000 mit einer eigenen Homepage.

## Kunst und Musik

Erst als 47-jähriger trat 1990 ein ehemaliger Absolvent der Folkwangschule in Gerleve ein. Hier fand Br. Gerhard Purrmann die Gelegenheit, sein Können in der Photographie und vor allem in der Ikonenmalerei einzusetzen. 1996 stellte die Stadtbibliothek Haltern mit großem Erfolg 17 seiner Ikonen aus. Auch als Porträtist erwarb er sich viel Anerkennung.
Ebenso besitzt P. Stephan Vorwerk eine echte künstlerische Begabung. Am Salzburger Mozarteum als Musiker ausgebildet, blieb er doch nicht bei der Musik stehen, sondern schuf einige gelungene Ölgemälde, die zum Teil in private Sammlungen gelangten. Sein „Himmlisches Jerusalem" schmückt inzwischen die Eingangshalle der „Ludgerirast".
P. Rupert Overlack pflegt intensive Beziehungen zu Künstlern und Sammlern. Die von ihm organisierten Ausstellungen mit Werken etwa von Eduardo Chillida und Jürgen Brodwolf oder zu den Skulpturen Erwin Heerichs, manchmal aber auch noch ganz unbekannter junger Talente, haben einen festen Platz in der westfälischen Kunstszene. Das große Forum bietet dafür einen ausgezeichneten Rahmen, in dem gelegentlich auch Konzerte stattfinden. Im Pfortengang des Klosters stehen seit Mitte der neunziger Jahre zwei Vitrinen, die ebenfalls für kleine Ausstellungen genutzt werden. Im Zusammenhang dieser Aktivitäten führte 1995 im Haus Ludgerirast ein sehr gut besuchtes Symposium der Guardini-Stiftung „Von Bildern lernen? Zum prekären Verhältnis von Kirche und zeitgenössischer Kunst" Künstler und Theologen zusammen.
Ihren vornehmsten Sitz hat die Kunst in Gerleve selbstverständlich in der Liturgie. Den Sakristanen gelang es, einige alte Stücke restaurieren zu lassen oder zu neuen Ehren zu bringen. Eine alte Statue des Auferstandenen, die vermutlich um 1480 in Ulm entstand, wird seit einigen Jahren zu Ostern und Himmelfahrt in der Kirche aufgestellt. Schon Anfang der achtziger Jahre des 20. Jahrhunderts erhielt die Abtei eine sehr wertvolle,

Polychromierte Holzstatue des Auferstandenen (Ulm, ca. 480)

Elisabeth Krampe, Taufkanne und -schale (Sterling-Silber, 1997)

spätgotische „Madonna mit Kind“, die ab 2004 in der Marienkapelle verehrt werden soll. Daneben kommen aber auch zeitgenössische Sakralgegengestände und Paramente zur Verwendung. So besitzt Gerleve wertvolle Kaseln, die von Ulrike Werner aus Essen 1988, von Brigitte Trennhaus aus Berlin 1990 und von Bernard Michel aus Paris 1993 gestaltet wurden. Von herausragender Qualität ist auch das Taufgeschirr der Nürnberger Künstlerin Elisabeth Krampe.

Mit P. Stephan Vorwerk und dem Organisten P. Laurentius Schlieker, der in Aachen Kirchenmusik studiert hat, gehören dem Konvent zwei ausgebildete Musiker an. P. Schlieker dozierte zeitweise Gregorianik in Herford und Dortmund. 1990 veröffentlichte er in Zusammenarbeit mit dem Stadtmuseum Ratingen eine erste CD-Aufnahme seiner Orgelkunst unter dem Titel „Dedicatio“. Später folgten weitere CDs mit Orgelmusik, zuletzt 2002 „Nachtwache“. 1997 entstand erstmals eine CD-Aufnahme mit Gregorianischem Choral der Gerlever Schola.

P. Stephan Vorwerk, Das Himmlische Jerusalem

## Seelsorge und Bildungsarbeit

Neue Impulse trugen zur immer notwendigen Verlebendigung der Seelsorge bei. 1990 bot das Kloster jungen Männern erstmals die Möglichkeit an, in einer kleinen Gruppe mehrere Tage lang am von Gebet und Arbeit geprägten Tagesablauf des Klosters teilzunehmen. Diese gewöhnlich von einem Bruder und einem Pater begleiteten „Ora et labora“-Kurse fanden so viel Interesse, dass sie bis heute fortgesetzt werden.
Nach dem Weggang der Josephsschwestern aus dem Haus Ludgerirast 1992 traten Schwestern Unserer Lieben Frau vom Provinzhaus Kloster Annenthal in Coesfeld an deren Stelle. Sie beteiligen sich an der Kursarbeit und unterstützen den Hausleiter bei der Begleitung der vielen Gruppen und Einzelgäste. Die beiden als Pastoralpsychologen

oben:
Der 1999 angelegte Kinderspielplatz

unten:
Schwestern Unserer Lieben Frau und Mitarbeiter vor dem Exerzitienhaus Ludgerirast

ausgebildeten Mitbrüder konnten dort ihr stark gefragtes Angebot ausbauen und intensivieren.

1995 übernahm P. Norbert Bücker die Leitung der Jugendbildungsstätte. Rasch begann er, ein Team freier Mitarbeiter zusammenzustellen, die sich anfangs an der Kursarbeit der Patres beteiligten und bald auch selbst Schulklassen begleiteten. Im gleichen Jahr entstand die „Theodor und Thekla Overesch-Stiftung" zur Unterstützung der Jugendarbeit in Gerleve. Durch die Großzügigkeit der Stifter konnten neue Projekte zugunsten der Jugendlichen initiiert und seit 2000 eine hauptamtliche Sozial-Pädagogin eingestellt werden. Der Schwerpunkt der Arbeit lag weiterhin bei „Tagen religiöser Orientierung" für Schüler. Während die veränderten Freizeitgewohnheiten der Jugendlichen zu einem Rückgang bei Oster- und Pfingsttreffen führten, trafen Familienwochen in den Schulferien auf sehr starke Resonanz. Für die jüngsten Besucher des Klosters wurde 1999 ein Kinderspielplatz angelegt.

Nach dem Vorbild benachbarter Klöster - etwa des Zisterzienserpriorats in Bochum-Stiepel und der Benediktinerabtei Königsmünster in Meschede - kam zu Anfang des neuen Jahrhunderts auch in Gerleve der Wunsch auf, neben das Programm der beiden Gästehäuser für Erwachsene und Jugendliche ein zusätzliches Angebot für die Menschen der Umgebung zu stellen. Mehrfach im Jahr sollen kompetente Referenten eingeladen werden und über aktuelle Fragen aus Kirche, Gesellschaft und Wissenschaft sprechen. Den Eröffnungsvortrag im Sommer 2002 hielt Jugendbischof Franz-Josef Bode aus Osnabrück. Unter dem Titel „Forum Gerleve" finden seither über das Jahr verteilt Vorträge und Konzerte statt.

An der Hausorgel

## Gottesdienst und Gregorianik

Die Regel des hl. Benedikt legt Wert auf große Pünktlichkeit: *Hört man das Zeichen zum Gottesdienst, lege man sofort alles aus der Hand und komme in größter Eile herbei*, da *dem Gottesdienst ... nichts vorgezogen werden* soll (43, 1-3). Noch immer rufen die Mönche mit Glocken zum Gottesdienst. In den Gerlever Glockenstuben hängt bereits das zweite Geläut. Das erste wurde zum Teil im Ersten und zum Teil im Zweiten Weltkrieg für Rüstungszwecke beschlagnahmt und eingeschmolzen. Das jetzige Geläut besteht seit 1993 aus sieben Bronzeglocken: Regina pacis: Nominal h° -2 (3100 kg), Joseph: Nominal cis' -6 (2077 kg), seit 1993 Salvator mundi: Nominal dis' -8 (1630 kg), Benedictus: Nominal e' -7 (1186 kg), Sancti Angeli: Nominal fis' -5 (797 kg), Petrus und Paulus: Nominal gis' -5 (593 kg) und Johannes: Nominal h' -6 (330 kg). Sechs davon wurden in der Glockengießerei Petit und Edelbrock in Gescher gegossen. Die siebte und kleinste ist eine historische Glocke aus dem Jahr 1524. Sie stammt von dem aus den Niederlanden stammenden Glockengießer Geert van Wou, dessen berühmtestes Werk, die „Königin aller Glocken", die 1497 gegossene Gloriosa, im Erfurter Dom hängt. Die Johannesglocke, drei Jahre vor van Wous Tod entstanden, kam erst nach dem Zweiten

1904 schenkten die Benediktinerinnen von Maria Hamicolt die ältere Hausglocke Alfons, die jetzt im Kreuzgarten hängt.

Weltkrieg nach Gerleve.
1993 erschien ein Gerlever „Vesperale“ mit den Texten von Vesper und Komplet in lateinischer und deutscher Sprache. Die handliche Ausgabe bewährte sich schnell und wurde auch von den Besuchern der Kirche gerne benutzt. Dieses Vesperale sollte den Auftakt bilden für eine umfassende Neugestaltung aller in Gerleve gebräuchlichen Chorbücher. Das großangelegte Projekt ließ sich jedoch nicht verwirklichen und führte zunächst nur zu einer Vermehrung der Ringbücher für einzelne Abschnitte des Kirchenjahrs, die zusätzlich zum Vesperale und dem noch immer notwendigen „Antiphonale monasticum“ von 1934 benutzt werden mussten. Deshalb entschied Abt Pius Engelbert schließlich, die weitere Neuordnung bis zum Erscheinen der letzten für den ganzen Orden gültigen Bücher auszusetzen.
Kleine, aber signifikante Änderungen gab es im Verhältnis zu den Gottesdienstbesuchern. Die erste Messe am Sonntagmorgen um 8.30 Uhr wird von unseren Nachbarn gut angenommen und im Stil einer Gemeindemesse gefeiert. In der zweiten Hälfte der neunziger Jahre des 20. Jahrhunderts wurde die Schar der Ministranten für diesen Gottesdienst um einige Mädchen erweitert, deren Eifer dem der Jungen in nichts nachsteht. Ein Höhepunkt des jährlichen Schützenfestes des Schützenvereins Westhellen-Gerleve in der zweiten Junihälfte ist seit langem der morgendliche Gottesdienst in der Abteikirche. Diese nach dem Konventamt gefeierte, zusätzliche Messe schuf eine gewisse Distanz zwischen dem Konvent und seinen Nachbarn. Daher besuchen die Schützen seit 1997 die Konventsmesse, in der an diesem Tag statt Choral deutsche Kirchenlieder gesungen werden. Seit 2001 schmückt eine Darstellung der Gerlever Abteikirche die Vereinsfahne.

## Verantwortung in Kirche und Orden

Der Abtswechsel des Jahres 1999 änderte nichts an der Gerlever Bereitschaft, in der Kirche und im Orden Dienste zu übernehmen. Vielfältige und besonders gute Beziehungen bestehen zum Bistum Münster. Bischof Reinhard Lettmann sieht in den Klöstern geistliche Zentren, die für das Leben der Diözese wichtig sind. Die Gerlever Mönche sind dankbar, in ihm einen zuverlässigen Freund zu besitzen.
Nachdem P. Basilius Senger durch den Tod aus seinem arbeitsamen Leben herausgerissen worden war, übernahm P. Johannes Chrysostomus Ripplinger 1990 die Leitung der Fachstelle Gottesdienst und des Referates Liturgie in der Hauptabteilung Seelsorge im Bischöflichen Generalvikariat Münster. Zu seinen Aufgaben gehört seitdem die Ausbildung der Sakristane, der Kommunionhelfer, der Lektoren und Kirchenmusiker sowie die Erstellung des liturgischen Kalenders für das Bistum Münster. P. Daniel Hörnemann trat 1995 an die Spitze des Ordensrates der Diözese. Seit 1985 arbeitet P. Erasmus Tripp

als Richter am Münsteraner Offizialat. Zusätzlich übernahm er 1999 eine Stelle als Pfarrvikar im Erzbistum Paderborn. Damit verbunden erhielt er die Aufgabe, im Konvent der Benediktinerinnen von Varensell die tägliche Messe zu feiern. Ebenfalls 1999 ging Abt Clemens Schmeing nach der Wahl seines Nachfolgers als Spiritual zu den Benediktinerinnen in Eibingen bei Rüdesheim. So stellt Gerleve nun zwei Frauenklöstern der Beuroner Kongregation den Hausgeistlichen. Auch im nur zehn Kilometer entfernten Kloster Maria Hamicolt zelebrieren Gerlever Mönche seit 1992 fast jeden Morgen die Hl. Messe, ebenso in zwei Klöstern der Schwestern Unserer Lieben Frau. Dagegen war 2003 nur noch ein Mönch der Abtei als Hochschullehrer tätig.

P. Ludolf Hüsing setzt sich dafür ein, benediktinischen Geist in neuen Formen zeitgemäß zu verwirklichen. 1986 gehörte er in Münster zu den Gründern des jetzigen Benediktushofs. Ganz in der Tradition benediktinischer Gastfreundschaft verwurzelt, bietet das Haus Gruppen und Einzelpersonen neue Zugänge zu den Kraftquellen des Lebens. Dabei spielen Meditation und Gebet eine große Rolle. Zu den prägenden Persönlichkeiten des Projekts gehörte der inzwischen verstorbene Karlfried Graf Dürckheim.

Eine Zeit lang unterstützte Gerleve das Benediktinerkloster in Jerusalem. Nachdem dort 1995 mit dem Mescheder Professmönch P. Benedikt Lindemann ein neuer Abt gewählt worden war, ging Ende des Jahres P. Stephan Vorwerk zu dessen Unterstützung ins Hl. Land. Ende 1996 ernannte ihn Abt Benedikt zum Superior der Jerusalemer Niederlassung Tabgha am See Genesareth. P. Stephan verstand es geschickt, die kleine Klostergemeinschaft und das dortige Pilgerzentrum trotz der schwierigen politischen Verhältnisse zu führen. 2001 kehrte er nach Deutschland zurück. Seine in Israel gesammelten Erfahrungen bringt er nun auf der Bodenseeinsel Reichenau ein, wo er sich mit einigen Mönchen anderer Klöster und inzwischen auch einem Novizen bemüht, die uralte monastische Tradition der Insel neu zu beleben.

## Das hundertjährige Jubiläum

Am Herz-Jesu-Fest 2004 dürfen die Gerlever Mönche den hundertsten Jahrestag der Erhebung ihres Klosters zur Abtei feiern. Sie haben viel Grund, dankbar zu sein. Dankbar für die neugestaltete Abteikirche, die schöner denn je ist, dankbar für die vielen Freunde, die der Gemeinschaft in schweren und in guten Zeiten die Treue gehalten haben, dankbar für Gottes Segen, der über allem liegt.

Die erste Gerlever Festschrift zum 25. Jahrestag der Abteierhebung 1929 schloss mit der in Großbuchstaben gedruckten, sorgenvollen Bitte: *Wer hilft uns, das immer erst halbfertige Kloster und die erst halbfertige Kirche auszubauen?*“[1] Die Baulücke an der Nordostecke des Klosters ist auch 75 Jahre später noch nicht geschlossen. Wie der Kölner Dom durch 600 Jahre, so bleibt auch Gerleve unvollendet. Wird es überhaupt je zu

1 Gregor Schwake, 25 Jahre Benediktinerabtei Sankt Joseph Gerleve i.W., 1904-1929. Eine kleine Festschrift, Gerleve 1929, S. 30.

Der unvollendete Ostabschluss der Abteikirche im Frühjahr 2003

Ende gebaut werden? Ist nicht auch die unvollendete Abteikirche ein Zeichen für die ebenfalls unvollendete Kirche Gottes? Bleibt Gerleve ein offenes Kloster – offen für die Menschen mit ihren vielen Nöten und Sorgen, offen für den Hl. Geist?
Wer einhundert Jahre alt wird, darf sich über Falten und Runzeln nicht beklagen. Auch in der Gerlever Physiognomie haben die Jahre Spuren hinterlassen. Weder der Brand 1907 noch die Aufhebung 1941 führten in die Resignation. Erfolge verleiteten nicht zur Überheblichkeit. Letztendlich zählt nicht das Auf und Ab der Geschichte, sondern die Gnade des Herrn Jesus, die mit allen sei.

## Quellen- und Literaturhinweise

Im Archiv der Benediktinerabtei Gerleve befinden sich außer den Annalen und der Chronik der Abtei die Lebensbilder der verstorbenen Mönche sowie eine umfangreiche Dokumentation. Verwiesen sei auch auf das Archiv der Beuroner Benediktinerkongregation, das im Archiv der Erzabtei Beuron verwahrt wird. Informationen zur Geschichte der Abtei finden sich ferner verstreut in den Gerlever Oblatenbriefen, die seit 1930 unter dem Titel „Christi Liebe über alles. Briefe aus dem Kloster an unsere Oblaten, Freunde, Wohltäter und Altexerzitanten" erschienen. 1947 erhielten sie den Titel: „Werkleute Gottes. Briefe über benediktinisches Geistesleben an die Oblaten und Freunde der Abtei Gerleve". 1970 suchte man einen neuen Namen. Das erste Heft dieses Jahrgangs hieß „Ostergabe der Abtei Gerleve", das zweite „Gabe der Abtei Gerleve" und das dritte „Briefe aus der Abtei Gerleve", wobei es dann blieb.

SCHWAKE, Gregor, 25 Jahre Benediktinerabtei Sankt Joseph Gerleve i.W., 1904-1929. Eine kleine Festschrift, Gerleve 1929.

BREITBACH, Matthias, Gerleve, in: Lexikon für Theologie und Kirche 4 (1932), Sp. 430.

Dominikus Böhm. Ein deutscher Baumeister, Regensburg 1943, S. 216 f.

50 Jahre Abtei Gerleve, 1904-1954. Werden, Wachsen und Wirken, Münster 1954.

SENGER, Basilius, Gerleve, in: Lexikon für Theologie und Kirche 4 ($^2$1960), Sp. 749.

Dominikus Böhm, München-Zürich 1962, S. 20, 348, 511.

FIALA, Virgil, Ein Jahrhundert Beuroner Geschichte, 1863-1963, Beuron 1963, S. 123-125,

KLUGE, Dorothea - Wilfried HANSMANN (Bearb.), Westfalen (= Georg DEHIO, Handbuch der deutschen Kunstdenkmäler, Nordrhein-Westfalen 2), München-Berlin 1969 (Neuauflage 1977), S. 55.

Abtei Gerleve. Ein Überblick über Werden, Wachsen und Wirken, 1904-1974, [Lünen 1974].

EILERMANN, Amandus, Abteikirche Gerleve (= Schnell Kunstführer 1178), München $^1$1979, $^2$1987.

SENGER, Basilius, Gerleve, in: Rhaban HAACKE (Bearb.), Die Benediktinerklöster in Nordrhein-Westfalen (=Germania Benedictina 8), St. Ottilien 1980, S. 314-323.

KOMINIAK, Benedict, Loci ubi Deus quaeritur. Die Benediktinerabteien auf der ganzen Welt, St. Ottilien 1981, S. 71 f.

O' REGAN, John (Hrsg.), Josef Paul Kleihues, Dublin 1983, S. 100-103.

MICHIELS, Guy, Gerleve, in: Dictionnaire d' histoire et de géographie ecclésiastiques 20 (1984), Sp. 891 f.

RIBBROCK, Gerhard, August und Wilhelm Rincklake. Historismusarchitekten des späten 19. Jahrhunderts (= Denkmalpflege und Forschung in Westfalen 7), Bonn 1985, S. 137-142.

OVERLACK, Rupert, Kapelle des Exerzitienhauses der Benediktiner-Abtei Gerleve 1986/87, [Gerleve 1988, 4. Auflage 2003].

SENGER, Basilius, Gerleve, in: Bibliographie der deutschsprachigen Benediktiner, 1880-1980, Band 2 (= Studien und Mitteilungen zur Geschichte des Benediktiner-Ordens und seiner Zweige. Ergänzungsband 29/II), St. Ottilien 1987, S. 607-628.

SCHLÜNDER, Hanns-Georg (Liborius), Benediktinisches Mönchtum und Seelsorge. Eine Untersuchung konkreter Formen mönchischer Seelsorge anhand der Benediktinerabtei St. Joseph Gerleve, [ungedruckte] Diplomarbeit an der Theologischen Fakultät der Universität Salzburg, Salzburg 1987.

SENGER, Basilius (Red.), Gerleve, in: Die Beuroner Benediktiner-Kongregation und ihre Klöster, Beuron 1989 ($^{2}$1997), S. 20 f.

JOEST, Hans-Josef, Unerschütterlich vertrauendes Gebet dringt durch die Wolken. Die schwierige Gründung des Klosters Gerleve, in: Kirche und Leben 5. Juni 1994, S. 6; Das neue Kloster muß auf Kreuz und Widerwärtigkeiten erbaut werden. Ohne Hilfe der Ordensschwestern von Hamicolt gäbe es kein Kloster Gerleve, in: EBD., 12. Juni 1994, S. 6; Der heilige Joseph muß dieses Sorgenkind großziehen. Bescheidene Anfänge des Klosters in Mühen und Entbehrung, in: EBD., 19. Juni 1994, S. 6; Wichtiger und schwerer Akt bei unzureichenden Mitteln. Starke Widerstände in der Führung des Benediktiner-Ordens, in: EBD., 26. Juni 1994, S. 6; Das Abrahamsopfer des ersten Priors für das Kloster. Die Saat der Stifter geht auf - aber Armut bleibt der größte Reichtum, in: EBD., 3. Juli 1994, S. 6.

ENGELBERT, Pius, Gerleve, in: Lexikon für Theologie und Kirche 3 ($^{3}$1995), Sp. 525.

HERZOGENRATH, Wulf, Die Räume der Religion und der Künste, in: Rainer BÜRGEL (Hrsg.), Raum und Ritual. Kirchbau und Gottesdienst in theologischer und ästhetischer Sicht, Göttingen 1995, S. 115-135, hier S. 134 f.

OVERLACK, Rupert, Benediktinerabtei Gerleve (= Schnell Kunstführer 1178), Regensburg $^{3. überarbeitete Auflage}$1995, $^{4}$1999.

BECKS, Franz, Benediktinerabtei Gerleve, Billerbeck 1996.

HÄGER, Peter, Klöster nach dem Kulturkampf. Zur preußischen Genehmigungspolitik gegenüber den katholischen Männerorden in der Provinz Westfalen zwischen 1887 und 1919 (= Veröffentlichungen zur Geschichte der Mitteldeutschen Kirchenprovinz 11), Paderborn 1997.

ALBERT, Marcel, Abt in Krieg und Frieden. Die Briefe Abt Columba Marmions im Gerlever Abteiarchiv, in: Erbe und Auftrag 74 (1998), S. 28-39.

Die Benediktinerabtei Gerleve. Ihr Werden, Wachsen und Wirken, Münster 1998.

DENZ, Bartholomäus, Erinnerungen an eine historische Verknüpfung, in: Franz BECKS

- Thomas NEUHAUS (Red.), 100 Jahre Ludgerusdom Billerbeck, 1898-1998. Festschrift zum 100jährigen Jubiläum, Billerbeck 1998, S. 65-67.

SCHMEING, Clemens, Die besonderen Beziehungen des Klosters Gerleve zum heiligen Liudger, in: Franz BECKS - Thomas NEUHAUS (Red.), 100 Jahre Ludgerusdom Billerbeck, 1898-1998. Festschrift zum 100jährigen Jubiläum, Billerbeck 1998, S. 69-75.

KOMINIAK, Benedict - Jacques CÔTÉ - Cyrill SCHÄFER, Loci ubi Deus quaeritur. Benediktiner in aller Welt, St. Ottilien 1999, S. 322-324.

WERNER, Johannes, Der Meister mit der blauen Schürze. P. Ludger Rincklake zum 150. Geburtstag, in: Erbe und Auftrag 76 (2000), S. 509-511.

ALBERT, Marcel, Werdener Bücherschicksal. Die Reste der Werdener Abteibibliothek im Besitz der Pfarrei Werden, in: Essener Beiträge 113 (2001), S. 343-381.

BAUMANN, Nadine Monika, Benediktinische Spiritualität in der Welt. Werden, Wesen und Auftrag der Benediktineroblaten unter besonder Berücksichtigung der Abtei St. Joseph Gerleve, [ungedruckte] Schriftliche Hausarbeit vorgelegt im Rahmen der Ersten Staatsprüfung für das Lehramt Sekundarstufe II/I an der Katholisch-Theologischen Fakultät der Westfälischen Wilhelms-Universität, Münster 2002.

KAHLFELDT, Paul u.a. (Hrsg.), Josef Paul Kleihues. Stadt - Bau - Kunst, Berlin 2003, S. 158.

PIEPER, Roland, Historische Klöster in Westfalen-Lippe. Ein Reisehandbuch (= Kulturlandschaft Westfalen 7), Münster 2003, S. 33 f.

STROTDREES, Gisbert, Hofgeschichten. Westfälische Bauernhöfe in historischen Portraits, Münster 2003, S. 76-79.

ALBERT, Marcel, 100 Jahre Benediktinerabtei Gerleve, in: Jahrbuch Westfalen (2004), S. 219-223.

SCHLIEKER, Laurentius, Hundert Jahre Geläute in der Benediktinerabtei Gerleve, in: Heimatpflege in Westfalen 17/2 (2004), S. 1-7.

in Vorbereitung:

ALBERT, Marcel, Benediktinerabtei St. Joseph zu Gerleve (=Westfälische Kunststätten 100), Münster 2004.

ENGELBERT, Pius (Hrsg.), Saeculum - Zeit und Welt, Münster 2004.

Uhrwerk der Reckling-
häuser Firma Vortmann
im südlichen Glocken-
turm (1947)

# Personen-, Orts- und Sachregister